befasst sich mit dem so genannten Aufstiegsprozess. In dem Buch werden Schritte auf dem Weg beschrieben, die dazu dienen, das hohe Einheitsbewusstsein, das wir sind, wieder in Empfang zu nehmen. Gott Vater-Mutter, der die Prozesse lenkt, hält für jede/n von uns einen geeigneten Weg bereit. Die im Buch dargestellten Affirmationen bewirken stets spezifisches Wachstum auf allen Ebenen des Seins. Gleichzeitig können Heilprozesse wirksam werden, die die Seele auf ihren Weg vorbereiten. Darum richtet sich dieses Buch sowohl an Anfänger als auch Fortgeschrittene. Spirituelles Wachstum kann jede/r erlangen, die oder der sich dem Weg nach Innen öffnet. Dann können wahre Wunder geschehen.

Zu meiner Person:

Nach und während einer klassischen Ausbildung, einem Studium im geisteswissenschaftlichen Bereich und einer Dissertation, wurde der spirituelle Weg immer deutlicher für mich zum Leitstern meines Lebens in dieser Welt.
Die hohen Energien von Avalon, die die Druiden einst einsetzten, um heiliges Wissen zu verbreiten, kehren zurück, und in dieser Tradition steht sowohl diese Publikation, wie mein Leben im Licht der Einheit.
Merlin, der aufgestiegene Meister, der ein Teil meines Höheren Selbstes ist, hat in der neuen Zeit die Aufgabe, die Druiden von einst zu erinnern an ihr wahres Wesen - das Wesen des hohen Liebesbewusstseins Gottes zu sein.

Namaste.

Christian Hüls

Ein Leitfaden für die neue Zeit

Erleuchtung durch die Hinwendung
zum inneren Weg

Informationen und weitere Hinweise:
www.christian-huels.de

Bibliografische Information der Deutschen Nationalbibliothek:
Die Deutsche Nationalbibliothek verzeichnet diese Publikation in
der Deutschen Nationalbibliografie; detaillierte bibliografische Da-
ten sind im Internet über www.dnb.de abrufbar.

Herstellung und Verlag:
BoD – Books on Demand, Norderstedt
ISBN 978-3-7357-1926-3

Inhalt

Einleitung 7

Leitfaden 13

Der Start 19

Der Weg 23

Frühere Leben 33

Die Kraft des heiligen Grals 39

Fortschreiten auf dem Weg – Seelenverschmelzung 47

Die Erkenntnisse 53

Einheit 59

Avalon 63

    Eine Fantasiereise zur Einheit in mir selbst 69

Die heiligen Geometrien 73

Ich bin 85

So ist es 99

Affirmationen – Begleitung auf dem Weg 103

Weitere Hinweise 111

Die Meditation – Kristall der Einheit 113

Einleitung

In Zeiten der Dunkelheit unseres Bewusstseins regiert auf dieser Welt das Ungleichgewicht. Bei den meisten Menschen wurde es durch zahlreiche Dinge im Außen manifest und sichtbar – aber auch in unserem Inneren bemerken wir Ungleichgewichte, die ein Spiegel des Außen sind und umgekehrt. Der Weg nach Innen ist ein sehr lichtvoller Weg.

Dieser Weg soll durch diesen Leitfaden leichter werden, denn es gibt so zahlreiche gute Literatur zu verschiedenen Themen rund um den so genannten Aufstieg und die kosmischen Gesetze, sowie dazu, den Weg zu seiner Seele zu finden, dass dieser Leitfaden etwas anders strukturiert ist.

In diesem Buch finden Sie die Geheimnisse, die keine sind. Sie sind Wahrheiten Gottes, der in uns allen lebt. Gott Vater-Mutter, der sich in uns, seinen Kindern erlebt, möchte, dass wir in der kommenden Zeit die alten Muster, Verstrickungen und Verzerrungen der dunkeln Phase hinter uns lassen. In diesem Sinne dient dieser Leitfaden als eine Sammlung von Schritten auf dem Weg zu unserem inneren Licht und der Erkenntnis – oder vielmehr dem Erlebnis – dass wir göttlich sind; und mehr als das: wir sind Gott.

Um diese Trennungen, die in der dunklen Phase erlebt wurden, wieder rückgängig zu machen, ist es notwendig, „aufzusteigen". Dies ist der Weg, der sehr schön und sehr heilsam ist, der unsere Tiefe auslotet, denn wir lernen uns durch diesen Prozess in einer umfassenden Weise kennen, bis wir begreifen, dass wir selbst einst die Illusion der Trennung erzeugt haben. Dadurch wurden so viele Erkenntnisse möglich, die Gott vielleicht in dieser Form nicht hätte erleben können. Denn wir haben die Dunkelheit erlebt.

Um nun das Licht und die Klarheit in uns zu erleben und damit auch im Außen zu manifestieren, lassen wir Schritt für Schritt die alten Trennungen los.

Dazu dient dieses Buch – es versammelt die Schritte des Weges und wie wir weiter und weiter gelangen, hin zu dem hohen Einheitsbewusstsein, das wir sind. Denn wir sind alle Gott selbst.

Wie erreiche ich durch die Hinwendung zum inneren Weg Frieden, Gelassenheit und Fülle im Innen wie im Außen?

Die spirituellen Gesetze, die meist schon hinreichend bekannt sind – 7 kosmische, 33 geistige Gesetze, haben ein Ziel: sie dienen in der Zeit der Trennung von dem hohen Bewusstsein der Einheit als eine Art Wegweiser. Da zahlreiche Menschen bereits auf dem Weg sind, dieses Einheitsbewusstsein wieder in Empfang zu nehmen, ist es wichtig, sich von seiner Seele führen zu lassen. Mit diesem Ratgeber sollen all diejenigen, die mit zahlreicher Literatur und den verschiedensten Ansätzen zu tun haben, ein wenig mehr Richtung finden. Denn oftmals stecken wir, ohne es zu ahnen, gewissermaßen „fest", begnügen uns mit zu wenig Entwicklung. Als ein Beispiel kann gelten, dass die kosmischen Gesetze sozusagen angewandt werden können, um das zu manifestieren, was meist der Verstand oder das Ego sich wünschen – allerdings geschieht dies nicht immer im Einklang mit der Seele. Dennoch sind wir aufgefordert, uns mehr und mehr dem inneren Wachstum und dem inneren Reifungsprozess der Seele – auch durch „Umwege hindurch" – zu öffnen. Im Nachhinein stellt sich mancher Umweg eigentlich als ein Weg des Lernens und Wachsens heraus – weshalb es auch nicht den einen Weg für alle gibt. Darum dient dieser Leitfaden dazu, gewisse Markierungen auf dem Weg zu setzen, die als etappenweise Ziele gelten können. Hierbei spielt weniger das „Wann" eine Rolle, als vielmehr das „Wie?". Wir gewinnen an Fahrt, indem wir uns aus vollem Herzen unserem spirituellen Bewusstsein und dem Weg unserer Seele öffnen. Dies kann als eine Bitte an Gott Vater-Mutter geschehen: *Gott Vater-Mutter, ich bitte Dich, eröffne mir meinen Weg in das hohe Bewusstsein, das ich bin. Bitte zeige mir, was ich tun kann, um zurückzukehren in dies hohe Bewusstsein der Einheit.*

Lasse diese Bitte einmal wirken in Dir. Wie fühlt es sich an, welche Resonanz erzeugt diese Bitte in Dir, in Gott selbst. [Ich nutze im Folgenden die Du Form, da sie persönlicher ist und den Kern des Prozesses trifft: die Reise zu sich selbst. Mit dem Du formuliere ich die intimere Variante, die eine gewisse Resonanz erzeugt, zu der ich leichter Zugang finde, als in der förmlichen Ansprache.]

Die Worte, die wir an Gott richten, erzeugen immer eine Resonanz – sowohl in uns als auch im Universum, denn im Grunde gibt es keine Trennung. Gott Vater-Mutter erlebt sich in uns, in seinen Seelen, in seinen Unterscheidungen, die er getroffen hat. Denn wir sind Gott.

Nun werden sich vermutlich skeptische Gedanken einmischen und fragen, wenn dies so ist, wieso geht es mir dann nicht gut, oder wieso geschehen in der Welt solche Gräuel? Die Antwort ist so einfach, wie sie auch im Grunde traurig ist. Denn Gott kann nur durch uns wirken, wenn wir dies zulassen. Er kann nicht handeln, ohne dass wir, also unser Herz ganz zustimmt. Dann beginnt der Rückweg in das Licht, das wir sind. Dass dieser Rückweg überhaupt angetreten werden muss, hängt mit der enormen Dichte der Energie zusammen, die unser jahrelanges Experiment mit der so genannten Dunkelheit, dem Vergessen unseres wahren Seins, erzeugt hat. All die Verletzungen, all die Streitigkeiten und das Leid in der Welt, sind Ausdruck dieses Experiments.

Sie dienten nie Gott an sich sondern dem Ego, dem Verstand, dem Erlebnis der Trennung – diese Trennung lässt uns erst vermuten, dass wir nicht göttlich, dass Gott nicht in uns sondern etwas oder jemand im Außen sei. Das Gegenteil ist der Fall.

Der spirituelle Prozess ist die Erinnerung an diese Wahrheit. Darum gibt es „Seelen". Sie sind Unterscheidungen, die Gott getroffen hat, die innerhalb eines bestimmten Inkarnationssystems, wie in dem Fall die Erde, Erlebnisse machen. Wir nennen sie auch nur fälschlicherweise Erfahrungen, denn die wahre Erfahrung, die Gott durch uns macht, ist die der bedingungslosen Liebe.

Er erfährt sich in uns als getrennt, wenn wir die alten Muster und Spiele weiterspielen. Dann schläft Gott Vater-Mutter und Verstand und Ego haben die Führung übernommen. Diese Führung, die uns so selbstverständlich und doch nie vollständig geleitet hat in den Jahrhunderten und Jahrtausenden dieses Experiments mit der Dunkelheit, mit dem Vergessen, wer wir wirklich sind, hat nunmehr keine Kraft mehr. In der neuen Zeit, auf der neuen Erde, hat wieder das Licht die Überhand gewonnen und wird dies nun mühelos vollenden, was viele Lichtarbeiter und Menschen begonnen haben, die auch in vorigen Jahrhunderten dieses Bewusstsein wachgehalten haben – ob im Buddhismus, in den Lehren des wahren Jesus Christus Sananda oder zur Zeit der Druiden in Avalon (auch in Ägypten wurde hohes Einheitswissen gelehrt).

Wenn Gott diese Unterscheidungen, die er getroffen hat, so unendlich liebt, dann aus dem Bewusstsein der Fülle seiner Möglichkeiten und Fähigkeiten, die er in uns, in einem Körper, erlebt. Gott unterteilt, er trennt nicht – und so gewinnen wir nach und nach die Einsicht in das so genannte Geheimnis des Lebens. Das Mysterium ist im Grunde nicht geheim, es ist heiliges Wissen, das nun in seiner vollständigen Form wieder zur Verfügung steht. Die Schleier und Nebel, die sich wie ein tiefer Schlaf um uns und unsere Welt gelegt hatten, sie verfliegen und verflüchtigen sich – allein, indem wir „erwachen". Gott in uns erwacht zu seiner Schöpferkraft. Diese möchte er, um dies zu betonen, in uns, in seinen Unterscheidungen, erleben.

Wenn wir dies zulassen können, lassen wir in uns die unendliche Liebe Gottes wirken, die stets zum höchsten Wohle aller denkt, fühlt und handelt. Allein in der Trennung, die in dieser Welt so enorm gewirkt hat, war es nötig, sich durch die kosmischen Gesetze und die Zeiten der Reinkarnation, also der verteilten Lernaufgaben und Erfahrungen, vor dem zu schützen, was ansonsten zu einem Abbruch dieses Experiments geführt hätte: nämlich vor dem Untergang dieser Welt. Ein Sicherheitsventil sind auch die im Folgenden beschriebenen Prozesse, die sozusagen Erinnerungen darstellen, die wir meistens benötigen, um unser wahres Sein zu erkennen. Dies können beispielsweise die Engel bewerkstelligen, die es „nur" auf der Ebene der Trennung gibt. Denn es gibt nichts außerhalb von Gott. Dies meint, dass wir Gott sind und diese „Erinnerungshilfen", diese Erwachens-Energien solange benötigen, bis wir selbst unser hohes Bewusstsein der Einheit wieder ganz integriert haben.

Sie, diese liebevollen Energien, die jeweils andere Lebensthemen und damit Erfahrungs- oder Erlebnisbereiche dieses Planetensystems betreffen und anregen, sind selbst wieder Unterscheidungen, die durch den Prozess der Eins-Werdung in uns zusammengeführt werden.

Auch nach dieser Zusammenführung, die Schritt für Schritt geschieht, und dies aus dem Grund, da die Energien für uns ansonsten deutlich zu hoch wären, werden wir „individuell" bleiben. Wir werden anders, wir werden friedvoll in uns selbst, wir gewinnen Ausgeglichenheit und Freude am Leben, wir werden keine Streits mehr suchen und die Dankbarkeit in uns spüren, dass wir hier sind, dass wir Erlebnisse in unseren Körpern machen können, die sich von anderen Erlebnissen der anderen Mitmenschen unterscheiden. Unser Fühlen, Denken und Handeln rückt wieder in die Einheit und gleichzeitig erleben wir diese Einheit als Verbundenheit mit dem Göttlichen in uns und in anderen. Wir waren nie getrennt – auch dies erkennen wir dann. Die Individualität, sie wird im Gegensatz zu mancher heutiger Tendenz, gewürdigt als Ausdruck der Vielheit und Vielgestaltigkeit Gottes. Damit wir auch die Wertungen, die häufig mit unserem gesellschaftlichen System aus spezifischen Regeln einhergeht, ablegen können und diese Individualität ganz würdigen können, hat Gott sich überlegt, diese Unterscheidungen sogar noch deutlicher werden zu lassen. Sie leuchten förmlich in der neuen Zeit, so dass ein quasi als natürlich empfundener Prozess der Arbeitsteilung einsetzt. Jede/r handelt auf seinem Gebiet zum höchsten Wohle aller. Dies ist gewollt und dient dem Kollektiv ungemein.

Darum werden die Einzelnen sich vielleicht sogar stärker als bislang gewürdigt fühlen in ihrer Einzigartigkeit. Diese möchte sich, diese möchte Gott in uns zum Ausdruck bringen. Wenn wir dies geschehen lassen, entstehen wahre Wunder.

Namaste.

Leitfaden

Dieses Buch dient dem so genannten Aufstiegsprozess. Einem Entwicklungsprozess, der in uns selbst wahre Wunder bewirkt. Er lässt zahlreiche Drangsale und Dinge, die wir als Schicksal akzeptiert haben, dahinschmelzen im Lichte der Einheit.

Darum handelt es sich bei diesem Buch um eine Mischung aus dem, was Channeling genannt werden könnte. Es sind dies Worte der göttlichen Quelle in uns. Sie wirken auf einer Ebene, die etwas in uns in Resonanz versetzt.

Es sind weiterhin die Affirmationen und Beschreibungen, die weiterhelfen auf dem Weg. Da es keinen vorgezeichneten Weg gibt, allerdings gewisse Wegmarkierungen, habe ich versucht, eine Art Skizze des Weges voranzustellen, der gewisse Punkte abdeckt, die sehr unterstützend sind. In der Regel bekommt jede/r eine Resonanz dazu, welches Thema, welcher Schritt gerade ansteht.

Darum ist es wichtig, sich vor allem entspannt diesem Leitfaden zu widmen, zu dem auch ein wiederholtes Lesen gehören kann. Viele Aspekte in diesem Buch sind in anderen Büchern anderer AutorInnen ebenso vorhanden. Meist aber erzeugen erst der Zusammenhang und das Wissen um den nächsten Schritt die notwendige Dynamik, um von Wissenseinheiten ganz zu profitieren. So kann es sinnvoll sein, sich mit den eigenen Ungleichgewichten auf mehreren Ebenen auseinanderzusetzen. Beispielsweise dienen Ausführungen zu Aura-Soma Therapie dem inneren sowie spirituellen Wachstum. Ein schönes Beispiel dafür ist das Buch von Darsho M. Willing: *Aura Soma. Der Weg des Herzens* – mit dem zusätzlichen Kartendeck *Farben der Engel* (beide *Allegria Verlag*), ergeben sich tiefe Einsichten in karmische Verstrickungen und Verletzungen des inneren Kindes, die zu Heilungen dieser Anteile führen. Dennoch sind diese Themen dadurch meist nicht abgearbeitet, sondern wir sind komplexe Wesen mit einer sehr langen Geschichte, die erlöst, die wahrgenommen und transformiert werden möchte.

Darum können Aspekte, die wir vermeintlich für geheilt hielten, in anderen Kontexten wieder auftauchen. Ein Beispiel dafür ist das angesprochene innere Kind, das es im Singular nicht gibt. Die verletzten Anteile der inneren Kinder können aus vielen Leben stammen und wieder zurückkehren wollen in die Einheit. Prozesse dienen dazu, Schritt für Schritt diese Dinge zu erlösen. So kann es sein, dass es Heilungsprozesse für das innere Kind erst nach weiterem Fortschritt auf dem Weg, nach weiterer Erkenntnis gibt. Ein Weg ist so vielschichtig wie wir selbst. Es kann sehr hilfreich sein, eine Ausbildung zur geistigen Heilerin, zu einem geistigen Heiler zu machen, allein um für sich tief greifende Heilprozesse in Gang zu setzen. Als sehr wichtig kann hierbei gelten, die alten magischen Verstrickungen aus dem eigenen Energiesystem zu lösen. Dies kann auch in diesem Leben zu massiven Problemen und Verstrickungen mit seinen Mitmenschen führen, ohne dass je die Ursache aus einer herkömmlichen Sicht klar werden könnte. Dazu gibt es, da diese Vorgänge energetisch intensiv sein können, ein eigenes Kapitel in diesem Buch. Hierbei sollte stets beachtet werden, dass diese Arbeit an der Auflösung der Magien zum höchsten Wohle aller geschehen soll.

Denn diejenigen, die vielleicht ahnungslos verstrickt sind, und denen die karmische Verstrickung dann „präsentiert" wird durch Versöhnungs- und Auflösungsprozesse, könnten schnell überfordert sein und im wirklichen Leben unschöne Erfahrungen machen. Karma sollte stets auf der Seelenebene erlöst werden, denn dann können die Seele und Gott entscheiden, wann der richtige Zeitpunkt dafür gekommen ist. Wie dies funktioniert, wird in dem Kapitel dazu (siehe Seite 39) ausführlicher beschrieben.

Unabdingbar für die Auflösung aller Blockaden ist die Zustimmung der göttlichen Quelle. Denn Heilung geschieht stets durch die Gnade Gottes – und auch meist in Verbindung mit einer Erkenntnis, die wir gewinnen im Zuge dieser Heilung, sei es um die Ursache der Blockade oder um die Muster, die mich noch hindern mögen an meinem Einheitsbewusstsein.

In der heutigen Zeit fließt soviel Gnade für so viele Menschen ein, dass das Kommende eine wunderbare Veränderung im Leben aller bewirken kann. Dennoch gilt weiterhin, dass wir Karma erzeugen können, sobald wir nicht in dem Bewusstsein der Einheit handeln, ob gewollt oder ungewollt. Eher ist es so: in der Einheit spüren wir, sobald wir etwas tun, das nicht dem höchsten Wohle aller dient oder energetische Ungleichgewichte erzeugt.

Karma ist das Gesetz der Ursache und Wirkung – ein sehr liebevolles Gesetz, das es erlaubt, uns selbst als Schöpfer unserer Realität zu erleben. Es sind nicht nur die Resonanzgesetze „Oben wie Unten", „Innen wie Außen", die uns darauf aufmerksam machen, dass die Welt ein Spiegel ist. Denn wenn wir das Außen als einen solchen Spiegel begreifen, der uns zeigt, wie wir in der Welt sind, ein/e positive/r Schöpfer/in oder jemand, dessen negative Gedanken sich umgehend manifestieren, erkennen wir: wir ziehen das an, was wir aussenden. Aus diesem Grunde gilt dieser Planet als einer der Polaritäten oder der Dualität.

Die Dualität, die in der Einheit aufgelöst ist, diente dem Erleben des Schwankens zwischen Polen, zwischen Liebe und Hass, zwischen Frieden und Unfrieden, zwischen männlich und weiblich, zwischen heiß und kalt. All die Abstufungen dazwischen machen das Leben, wie wir es bislang kannten, aus. Sie erzeugten eine Tiefe in dem Spiel der Nuancen und Abstufungen, der ständigen Wechsel. In uns herrscht Wechsel von Zuständen und Emotionen, die wir häufig nicht fühlen möchten. Dennoch dienen gerade diese Emotionen als ein Wegweiser, wo in uns versteckte und verletzte Anteile sind, die an die Oberfläche kommen möchten um angeschaut und geheilt zu werden.

Auch Seelen stellen sich zur Verfügung, um uns diese Anteile zu spiegeln. Sie geben ihr Einverständnis. Ein erstes wichtiges Ziel auf dem Weg des Erwachens und Wachsens ist es, sich dieser kosmischen Gesetzmäßigkeiten bewusst zu werden. Ich sende aus und ernte, was ich aussendete. Positive Aussendungen erzeugen positive Ergebnisse.

Eine erste Affirmation lautet:

Ich bin Schöpfer/in meiner Welt. Meine Schöpfungen gehören zu mir.
Ich akzeptiere sie als das, was sie sind und nehme sie in Liebe an.

Lasse diese Affirmation einmal wirken und spüre, wie sie schwingt, ob sich etwas verändert in der Wahrnehmung Deines Außen, Deines Umraums. Manche mögen nun auch die Stimmen der anderen Seelen hören, die ihre Einverständnisse zurückziehen.

Dies ist wichtig, um nun andere Erlebnisse machen zu können. Denn wenn ich in der Lage bin zu erkennen, dass ich selbst meine Verstrickungen erzeugt habe, kann ich sie selbst wieder lösen. Das Außen hilft mir sogar dabei. Denn es spiegelt meine Bemühungen und unterstützt sie.

Wichtiger als Wunscherfüllung ist hierbei, das Prinzip als ein Lernprinzip zu verstehen, denn meist haben wir sehr viele Einverständnisse sowohl selbst gegeben, als auch von anderen erhalten, die uns „zur Verfügung stehen". Meist jedoch erkennen wir diese Einverständnisse erst im Zuge des spirituellen Wachstums. Wenn dies aber geschieht, wird sich unsere Realität als eine wesentlich andere darstellen, und wir werden in uns den Wunsch verspüren, weiter zu wachsen, hinein in unser hohes Schöpferbewusstsein, mit dem wir wahrhaft göttliche Dinge und Zustände erzeugen.

Das Außen folgt dann meist mit Verwunderung und Staunen, denn die Veränderungen, die wir in uns selbst erzeugen, bewirken andere Konstellationen des Erlebens. Wir werden dann an unsere weiteren Lernaufgaben herangeführt, solange, bis wir zurückgekehrt sind in die Einheit. So ist gewährleistet, dass wir uns selbst nicht „austricksen" und auf halber Strecke stehen bleiben. Dies führt mich nun zu meinem ersten Abschnitt des Weges, dem ich die Überschrift gab: *Der Start.*

Der Start

Aller Anfang ist leicht, denn es gibt nichts zu tun, eher zu lauschen auf die innere Stimme. Wenn wir uns unserem Inneren zuwenden, entsteht eine Art Sogwirkung, die wir nutzen, um unsere Blockaden, Verletzungen und Hindernisse aufzulösen.

Ich wende mich nach innen, indem ich mich an einen ruhigen Ort begebe und zu mir sage:

Ich bin in meinem heiligen, inneren Raum.
Ich bitte Gott Vater-Mutter, mir diesen Raum zu zeigen, ihn zu klären von Blockaden oder Hindernissen, ihn zu schützen, damit nur ich dort bin.

Lasse diese Affirmation in Dir wirken und spüre, was Du fühlst und wahrnimmst. Welche Dinge sind in Deinem Raum, in Deinem inneren, heiligen Raum, zu dem nur Du Zutritt hast. Spürst Du die Anwesenheit anderer Menschen? Bist Du dort alleine, bist Du dort ganz anwesend?

Spüre hinein in diesen Raum, wie er sich anfühlt, ob Du ihn ganz bewohnst und was Dich noch daran hindert, ihn für Dich selbst in Besitz zu nehmen. In diesem Raum herrschen innere Ruhe und Frieden. Bitte nun Gott Vater-Mutter noch einmal, Dir diesen Raum ganz zur Verfügung zu stellen. Bitte alle und alles hinaus, von dem Du denkst, dass es nicht dort hineingehört. Lass Gott diese liebevolle Arbeit machen.

Der heilige Raum, Dein Seelenraum ist ein Schutzraum. Er gehört allein Dir. Wenn Du andere Menschen darin wahrnimmst, bitte sie höflich zu gehen, bitte auch Gott um Hilfe, diesen Raum von nun an rein zu halten. Lasse Dich führen durch die göttliche Quelle.

Der Raum, den Du bewohnst, dient Dir als Zentrum der Kraft – als ein Ort, an dem Du auftanken und ganz bei Dir sein darfst. Du kannst immer und zu jeder Zeit bekunden: *Ich bin in meinem heiligen Raum* – und Du wirst spüren, wie sich Dein Verhältnis zu Deiner Umwelt verändert. Spürst Du in manchen Situationen, dass andere Menschen Energien aussenden, dass Du Dich gestresst oder hektisch fühlst, so besinne Dich einfach auf diese Worte: Ich bin in meinem heiligen Raum. Der Stress lässt los, die Anspannung verlässt Dich, denn dieser Raum ist ganz allein für Dich bestimmt.

Die göttliche Quelle wird sich von nun an darum kümmern, dass dieser Raum geschützt ist, dass er nur durch Dich bewohnt wird. Dieser Schutz und diese Liebe werden Dir helfen, andere Energien dort sein zu lassen, wo sie hingehören.

Bitte noch einmal darum, dass Du von nun an in diesem, Deinem heiligen Raum, geschützt bist durch Gott Vater-Mutter.

Ein Startschuss, der so einfach und leicht zu realisieren ist und doch eine große Wirkung hat, wird weitere Prozesse nach sich ziehen – und auch hierbei gilt, bitte stets, dass alles zum höchsten Wohle aller gefügt werden möge. Damit gewährleistest Du, dass Du Dir der Verantwortung für Deine Schöpferkräfte bewusst bist.

Verantwortung für den Weg zu übernehmen, bedeutet, dass wieder Gott in Dir wirken darf. Er wird dies freudig und in Liebe tun, denn er wartet sehnsüchtig auf die „Rückkehr" seiner Kinder, damit die kommende Zeit für alle eine göttliche werden kann. Somit ist die Bitte: Gott Vater-Mutter, übernimm Du die Führung in meinem Leben, eine Bestätigung dieser Bereitschaft, die Verantwortung für das eigene Wachstum zu übernehmen.

Übernimm, wenn Du magst, diese liebevolle Verantwortung als Schöpfer/in Deiner Realität, denn dadurch signalisierst Du gleichzeitig, dass Du genau zur richtigen Zeit die Prozesse erlebst, die Du erleben möchtest, und die Dir gerade jetzt dienen. Es gibt hierbei vielleicht häufiger die Tendenz, bestimmte Dinge beschleunigen zu wollen. Doch der Weg ist das Ziel und jede Etappe hat ihre besondere Bedeutung, die Dir meist erst nach eine kurzen Phase des Nachdenkens über das Erfahrene bewusst wird. Gott lenkt. Er lenkt zu Deinem höchsten Wohle, auch wenn wir uns auf der Verstandesebene manches mal wünschen mögen, dass diese Dinge, die im Aufstiegsprozess geschehen, doch schneller vonstatten gehen mögen.

Dies aber stellt einen Irrtum dar – denn sobald wir „gehen", sind wir in unserem Schöpferbewusstsein und machen fortan genau die Erfahrungen bewusst, die uns dienen können, uns weiter zu entwickeln. Beschleunigung geschieht aus Notwendigkeit, neue Fähigkeiten einsetzen oder bestimmte Verabredungen, die auf der Seelenebene getroffen wurden, einhalten zu können. Gott lenkt.

Eine Bitte, die wir hierbei an Gott richten können, ist:

Bitte Gott Vater-Mutter, lenke und führe mich zu meinen Lernaufgaben; bitte hilf mir, sie zu erkennen und bewältigen zu können. Bitte gib mir die notwendige Unterstützung auf diesem Weg der Erkenntnis.

Du wirst bemerken, dass Gott bereitwillig dieser Bitte um Führung und auch um die Hilfe bei der Bewältigung der Lernaufgaben nachgibt, denn Du bist ja Gott. Was sollte er anderes wollen, als sich selbst aus der Trennung zu befreien, an sich selbst Gnade um Gnade der Erkenntnis und Vergebung zu üben, damit wir alle wieder in eine viel schönere Zukunft und Realität starten können.

Mit dieser eingangs erwähnten Affirmation zum heiligen Raum und der Bitte um Führung bei der Verantwortung für den Weg zurück in das hohe Einheitsbewusstsein kann der spirituelle Pfad beginnen. Es folgt eine neue Sicht auf die Welt und auf das eigene Leben, auf die anderen Menschen und das, was sie uns zeigen und spiegeln möchten. Dies ist es wert, ganz gewürdigt zu werden, denn unsere Blockaden und Lernaufgaben sind Geschenke, die die Erkenntnis unserer eigenen göttlichen Existenz sowie die der anderen beinhalten. Wir würdigen das Göttliche in uns selbst und in anderen, wenn wir uns auf unseren inneren Weg begeben.

Der Weg

Um den Weg zu gehen, benötigen wir Hingabe, denn diese stellt eine Form des Verlangens dar, dem eigenen Grund unserer Existenz gewahr zu werden. Gott, der diesem Erwachen so freudvoll entgegensieht, lebt in uns, und genießt diesen Weg als einen zu sich selbst. Etwas Großes erwartet uns auf diesem Wege. Damit plausibler werden kann, wie dieser Weg beschritten wird, und welche Etappen dabei auf uns warten, habe ich eine Grafik erstellt, die den Schritt für Schritt Prozess etwas veranschaulichen soll. Ich bitte dies als eine Hilfe und nicht als einen Gradmesser zu verstehen, nach dem wir bewerten sollten, wie weit wir sind – vor allem nicht in Vergleich zu anderen, denn dies wäre eine sehr duale Sichtweise. Dennoch kann uns so eine Grafik zeigen, welche spannenden, erkenntnisreichenden und förderlichen Dinge noch auf uns warten, die unsere Perspektive erweitern. Wir lernen während wir voranschreiten, auch wenn wir manchmal das Gefühl haben mögen, dies geschehe im Nachhinein. Die Grafik kann uns auch davor schützen, zu früh aufzugeben oder zu denken, wir seien bereits „fertig"; denn dies ist der Fall, wenn wir in der Einheit angelangt sind. Dies werden wir spüren, und bis dahin gilt: der Weg dorthin hält für jede/n von uns so zahlreiche Geschenke bereit, dass er selbst als ein wahres Geschenk Gottes gesehen werden kann. Es wäre nicht besonders lohnenswert, die Erlebnisse des Weges gar nicht gemacht zu haben.

Unsere Schwingung erhöht sich logarithmisch.

Die Abschnitte auf der Skala sollen verdeutlichen, dass es bestimmte Punkte, und damit Erkenntnisse und Fähigkeiten gibt, die wir auf unserem Wege lernen.

Dies geschieht schneller und schneller.

Einweihungen dienen diesem Prozess, der durch zahlreiche Zwischenschritte begleitet wird.

So sind magische Verstrickungen oft immense Blockaden, die gelöst werden wollen.

Auch andere Aspekte vergangener Leben kommen nach und nach an die Oberfläche.

frühere Leben

Einweihung in die Kraft des heiligen Grals und der Kraft der Isis - Magien werden bearbeitet

Einweihung in die hohen Einheitsenergien von Avalon

Wirken in den und durch die erworbenen Fähigkeiten

Wir erkennen, dass wir unser Höheres Selbst sind.

Wir verschmelzen mit der göttlichen Energie des Einheitsbewusstseins

In der Grafik sind Abschnitte als Wegpunkte gekennzeichnet, zwischen denen zahlreiche Erkenntnisse und neue Erfahrungen und Erlebnisse liegen. Wie lange so ein Weg dauert, wurde bewusst offen gehalten, denn dies variiert aus gutem Grund. So liegt dies in einem nicht unerheblichen Maße an dem Zeitaufwand, den wir in der Lage sind, zu betreiben, um unser spirituelles Wachstum zu fördern. Damit gewährleistet ist, dass wir genügend Zeit, auch in unserem Alltag finden, hat Gott Vater-Mutter erlaubt, diese Prozesse auch in einer Weise durchzuführen, die so stattfinden kann, dass der Alltag kaum davon beeinflusst wird. Ein wenig Zeit ist allerdings in jedem Fall erforderlich. Es kann sich um eine Stunde der Meditation am Tag handeln – denn diese Zeit ist sehr gut verbracht und hilfreich.

Manche werden es bei ihren Freizeitaktivitäten spüren, beim Schwimmen, beim Joggen oder Spazierengehen. Dies liegt an der Effizienz, die dadurch eher gewährleistet ist und die Dinge am Laufen hält. Gott möchte, dass jede/r seine/n geeigneten Prozess des Aufstiegs bekommt. Wer mehr Zeit investiert, mag auch „gebremst" werden, denn nicht immer ist es sinnvoll, stets Prozesse zu durchlaufen. Oft will Neues erst in der Welt verankert, erprobt und angewandt werden.

Um auch dies an einem Beispiel zu erläutern: die Bitte an Gott, uns unsere spirituell unverzerrte Wahrnehmung wieder in Empfang nehmen zu lassen, kann zu einem Prozess führen, der je nach „Fortschritt" eine Woche in Anspruch nehmen kann, die allerdings dann auch dementsprechend genutzt werden sollte. Dies soll jedoch keinesfalls abhalten, Prozesse zu machen, sondern davor warnen, die Dinge „zu übertreiben". Dies geschieht manchmal ungewollt, so dass die Bitte an Gott: *Möge Dein Wille geschehen, Gott Vater-Mutter und nicht meiner*, stets angebracht ist. So gewährleistest Du, dass Gott entscheidet, die göttliche Instanz, was als nächstes zu welchem Zeitpunkt geschehen darf. Die Skala mit ihren Unterteilungen dient einer Orientierung. Denn häufig „vergessen" wir oder wissen gar nicht, dass und welche alten Blockaden erlöst werden möchten, damit wir uns wieder in unsere Einheit zurück bewegen können. So stellen oft die magischen Verstrickungen aus früheren Leben ein nicht unerhebliches Potenzial der Störung dar, das allerdings auch im Zuge des Aufstiegsprozesses gelöst werden möchte, denn ansonsten könnte unsere Schwingung nicht weiter ansteigen, und wir blieben „auf halber Strecke" stecken.

Damit diese Klärung möglichst sanft geschehen kann, gibt es in dem Kapitel über diese Magien eine Anleitung dazu. Im eigentlichen Sinne gibt es keine Magie, also gelenkte Energie, die negative und bindende, kontrollierende Funktionen hat. Dies ist eine Illusion, die allerdings in der unbewussten Ebene der Trennung Konsequenzen hatte und hat. Wir lösen uns durch Bewusstsein davon.

Da die Seelen alleine bei dem Wort Magie eine ungute Resonanz spüren könnten, ist es wichtig, an dieser Stelle bereits Gott zu bitten, eine göttliche Lösung herbeizuführen. Du tust dies in folgender Weise:

Gott Vater-Mutter, ich bitte Dich, erlöse mich durch göttliche Interventionen von den alten magischen Verstrickungen, die nun gelöst werden dürfen.
Möge Dein Wille geschehen, nicht meiner. Ich danke Dir von ganzem Herzen.

Diese Form der Auflösung geschieht auf der Herzensebene und durch die Energien des heiligen Grals und durch die Kraft der Isis, in die Seelen eingeweiht sein sollten. Da dies nicht immer der Fall ist, gibt es eine Art Zwischenlösung, die in diesem Leitfaden erläutert wird. Da es dennoch wichtig ist, für die Zukunft diese Energien selbst einsetzen zu können, ist eine Einweihung zu gegebener Zeit in diese hohen Energien des heiligen Grals und der Kraft der Isis notwendig. Sie sind Fähigkeiten und Erinnerungen zugleich, denn jede Seele trug vor ihrem „Abstieg" dies dazu notwendige hohe Bewusstsein in sich. Sobald eine Einweihung in diese Energien erfolgt ist, können selbstständig solche Verstrickungen gelöst und bearbeitet werden und auch bei anderen dürfen diese Seelen dann wieder wirken – zum höchsten Wohle aller.

Da selbst die sogenannte weiße Magie eine kontrollierende Form ist, sollte sie ebenso wenig angewandt werden, wie es nicht nötig ist, sich „zu schützen". In der heutigen Zeit führt jede negative und missbrauchende Form energetischer Manipulation zu der unschönen Konsequenz, dass diese Energien nicht mehr ihre Empfänger treffen sondern beim Absender verweilen. Dies kann unangenehme Folgen haben, da die Absender oftmals nicht ahnen, dass sie sich immensen Schaden zufügen. Das karmische Prinzip der Ursache und Wirkung greift in diesen Fällen unmittelbar.

Mit diesem Abschnitt soll vor allem verdeutlicht werden, dass die oftmals nicht schönen Energien, die wir erlösen im Zuge des Aufstiegsprozesses, eben bloß Verzerrungen in einem energetischen Feld darstellen, das es wieder gilt, in die Einheit zu rücken. Zunächst bei sich selbst, dann bei anderen. Wir räumen auf, wenn man so will.

Durch die Erlösung von karmischen und magischen Verstrickungen erlangen wir Freiheit. Diese können wir nutzen, um unsere Schwingung weiter zu erhöhen. Beispielsweise durch Einweihungen in die Einheitsenergien, die durch Avalon wieder zur Verfügung stehen. Wer das hohe Energiefeld Avalon aus den Erzählungen kennt, weiß, dass es sich schon zu den Zeiten der Druiden um einen inneren Ort handelte, der den Baum der Einheit – alles ist mit allem verbunden, in sich trug. An diesem Baum wachsen die Früchte der Einheit – Avalon meint Apfel – der Ausgleich zwischen „männlich" und „weiblich", die Lebensfreude, die innige Verbindung mit der Natur, das Wissen um die wahre Magie des Lebens: aus der göttlichen Quelle zu stammen.

Mit Avalon oder einem anderen Weg in die Einheit, erlangt die Seele wieder hohe Fähigkeiten, die dem höchsten Wohle aller dienen. Zum Beispiel wird es möglich, die Zeit zu manipulieren – aber in einem Sinne, der nicht dem Ego gehorcht. Vielmehr stellt Avalon den Schlüssel Zeit bereit, um Prozesse zu optimieren, um Heilsitzungen vorzubereiten oder Meditationen. Allein der Nutzen für alle steht im Vordergrund, nicht etwa Zeitreisen in die Vergangenheit oder Zukunft. Dies wäre zwar möglich, widerspricht aber dem Wunsche Gottes, der für diesen Planeten die Erfahrung der zeitlichen Abschnitte, Verzögerungen, des Schritt für Schrittes vorsieht. Unsere Lernaufgabe hier, ist nicht zu manipulieren, sondern uns selbst in unserem steten Wachstum zu erleben. Alles, was wir schaffen, und was doch in der Einheit stets vorhanden ist, unterliegt hier auf dieser Welt, einem Zyklus des Sequenziellen. Nach und nach wächst alles was wir säen.

Dies ändert sich in der neuen Zeit insofern, als wir wieder sehr viel mehr Fähigkeiten, die sich durch neue Technologien ausdrücken können, in Empfang nehmen, und die ebenso unser Leben erleichtern und in ein viel größeres, globales Gleichgewicht bringen werden. Ob verbesserte Antriebstechnologien oder anderes, höheres Wissen, das in Schulen und an Universitäten gelehrt wird, ob der Umgang mit dem Nachbarn oder dem eigenen Alltag, alles soll und wird wieder in die Einheit rücken können. Dazu sind Erkenntnisse notwendig, die auch beinhalten, Konsumgewohnheiten zu hinterfragen, denn in ihnen liegt oft ein karmisches Prinzip der Ursache und Wirkung – so arbeiten wir unbewusst den Mehrwert wieder ab, den wir anderen, vielleicht ungewollt, nehmen. Um ein beliebtes Beispiel zu erwähnen: der fair gehandelte Kaffee, biologisch angebaut, ist im Vergleich zu unseren Preisen und Löhnen sehr günstig. Darum „arbeiten" wir nach dem Gesetz der Ursache und Wirkung jede Tasse dieses Kaffees wieder ab – ob energetisch oder durch Mehrarbeit sei dahingestellt. Dies gilt ebenso und in einem verstärkten Maße für die Produkte der Unterhaltungsindustrie, die nicht in fairer Weise hergestellt werden.

Handys enthalten Karma, das durch Mehrarbeit am Schreibtisch, im Büro, oft unbewusst ausgeglichen wird. Die Ungleichbehandlung der Arbeiter in armen Ländern und die sogar oft lebensfeindlichen Umgebungen, bergen hohes karmisches Ungleichgewicht in sich.

Wir können auch hier Gott um Lösung und Erkenntnis bitten: *Bitte Gott Vater-Mutter, erlaube mir Einblick zu nehmen in die Verhältnisse, mit denen ich täglich umgehe in meiner Welt, die durch karmische Verstrickungen belastet sind – seien dies Produkte aus anderen Ländern oder auch aus diesem. Seien dies Verstrickungen, die ich unbewusst mit anderen erzeuge, oder die sie mit mir erzeugen, weil ich ihnen erlaube, mich dafür zu instrumentalisieren. Bitte kläre mich auf und hilf mir, diese Verstrickungen durch Bewusstheit zu lösen. Ich danke Dir von Herzen.*

Wenn wir unser Karma so lösen, erlangen wir nicht nur Erleichterung sondern auch Bewusstheit und vermeiden in Zukunft mancherlei „unnütze" Dinge.

Erfreue Dich an den schönen Dingen des Lebens, die völlig kostenlos sind: die Natur, der zwischenmenschliche Kontakt, die Freunde und Lebenspartner, die Kinder, die Arbeit. All dies soll der Freude dienen. Tut es dies nicht, ist es nicht in der Einheit, und dies heißt, in einem Gleichgewicht.

Sobald wir unsere Ungleichgewichte erkennen, halten wir bereits den Schlüssel zur Heilung dieser Ungleichgewichte in der Hand. Um weiter anhand der Skala den Prozess der Bewusstwerdung zu erläutern, möchte ich nun auf den Zusammenhang eingehen, den das so genannte Höhere Selbst bei dem Weg spielt. Es dient einer Verfestigung und Verstetigung des Weges und der Erkenntnisse, denn aus der Perspektive des Höheren Selbstes, gibt es keine Trennung. Es besitzt eine Schwingung, die sehr nah an der göttlichen Quelle ist; es kann die Ungleichgewichte in dem Leben der einzelnen Seelen, 12 an der Zahl, die zu einem Höheren Selbst gehören, nur dann erlösen, wenn wir aufsteigen. Dies heißt, der Weg führt über die Karmaerlösung und den Bewusstwerdungsprozess um die Einheit zurück in diese hohe Instanz, die geschaffen wurde, um so genannten Erleuchteten Zugang zu göttlichem Wissen und einer weisen Perspektive zu verhelfen. So hatten wir in unseren Inkarnationen die Gelegenheit, selbst in der „Dunkelheit", Leben im Licht zu erleben. Buddha ist ein Beispiel, Jesus ein anderes, aber auch die Mysterienschulen in Ägypten und die Druidenschulen hatten zum Ziel, diese Verschmelzung mit dem Höheren Selbst zu erreichen. All dies diente der Erinnerung an unser wahres Sein, an etwas, das unsere begrenzte Perspektive aus Sicht eines Menschen übersteigt. Diese Erinnerungen haben sich durch Erzählungen, durch spirituelle Schriften und Lehren erhalten. Sie sind Ausdruck dieser hohen Weisheit, dass wir nie getrennt waren oder sind. Wir erinnern uns nun verstärkt daran, und sobald wir mir unserem Höheren Selbst wieder verschmolzen sind, erleben wir unsere Trennungen als Illusionen. Gott kann nun in uns und durch uns wirken zum höchsten Wohle aller.

Dabei gibt es weitere Instanzen, die nicht einfach beim Höheren Selbst enden sondern auch diese Vorstellung transzendieren – denn in Wahrheit gibt es dies System der Inkarnationen nur in Zusammenhang mit der Trennung, die wir alle so lange Jahre erlebt haben. Gott trennt nicht, er unterteilt, das heißt, sobald wir weiter fortschreiten, erkennen wir unsere eigene Göttlichkeit als das, was sie ist – nämlich Gott selbst. Gott erlebt sich durch uns, und in uns erlebt er die Welt als eine manifeste. Diese Welt, die bestimmte Erlebnisse ermöglicht, und die nun wieder andere möglich macht, ist Ausdruck einer dualen Vorstellung, die Gott hatte, als er dieses Universum schuf. Denn als duales Erlebnis sollte sich dieses Universum und diese Welt gestalten. So gibt es einen männlichen Anteil und einen weiblichen Anteil Gottes, was allerdings eine eingeschränkte Vorstellung ist. Es handelt sich um eine Brücke, die es erlaubt, sich selbst als etwas zu erfahren, das beides in sich vereint. Ein werdendes und ein schöpferisches Prinzip, ein schaffendes und ruhendes, ein polares Prinzip des Erlebens, wie es sich in unseren Emotionen, in unseren Schwankungen manchmal spiegelt, wie es im Grunde aber als ein lebendiges und freudiges gedacht ist. Denn im anderen erkennen wir uns selbst: ohne Mann keine Frau und umgekehrt. Alles ist mit allem verbunden und die männlichen und weiblichen Anteile in jedem von uns, egal welchen Geschlechts, wollen wieder in ein Gleichgewicht gebracht werden im Zuge des Aufstiegsprozesses. Andere Universen sind nach anderen Prinzipien gestaltet und bringen somit andere Erlebnisse. Die Dualismen in dieser Welt dienten einem Erleben jener Ungleichgewichte, auch wenn dies erschreckend klingen mag. Im gesamten Universum hat es grausame Kriege gegeben und gibt es sie noch, und dennoch ist selbst diese Erfahrung nicht umsonst geschehen, denn in der größtmöglichen Abwesenheit Gottes hat Gott sich selbst als liebevolles, bedingungslos schöpferisches Prinzip erfahren. Denn keine Dunkelheit, die doch nur Illusion ist, konnte verhindern, dass diese Welt und auch das Universum insgesamt, ihren Charakter einbüßt: ein schöpferisches Universum zu sein. All die realen Zerstörungen in der Welt, die ein Ausdruck unserer inneren Zerstörungen sind, sind Spiegel eines verletzten Prinzips des Schöpfertums. Denn in uns existiert in Wahrheit nur Gott. Sobald wir dies erkennen, und dies ist unsere liebevolle Aufgabe, erkennen wir, dass die Dualität eine Illusion ist. In der Einheit existiert kein Karma, kann uns das duale Prinzip nicht aus dem Gleichgewicht bringen. Darum werden in dem hohen Einheitsbewusstsein Dinge möglich, die aus der Perspektive des trennenden Verstandes als Wunder gelten müssen. Wir werden wieder fliegen können, wie zu Zeiten des untergegangenen Experiments in Atlantis oder wie zu Zeiten von Avalon, levitieren nennt sich dies. Viel wichtiger aber ist, dass wir die Einheit in uns selbst als ein Bewusstsein der Liebe wiedererlangen. Dann rückt das Außen – wie das Innen – in ein neues Gleichgewicht.

Diese Kräfte stammen von Gott, denn der so genannte Aufstieg ist eine Art Hilfsmittel, uns an unser wahres Sein zu erinnern – sind wir dort angelangt, gibt es keine Trennungen oder Erfahrungen mehr, die wir noch erleben wollten – dies bezieht sich auf reale Beziehungen zu anderen, wie auf die Instanzen der Engel, Aufgestiegenen Meister oder der Seelen. In Wahrheit sind dies Vorstellungen, die uns erlauben, uns in der Trennung als Energiewesen zu erleben. Gott ist ein großer Spieler, und er verleiht seinem Experiment Tiefe und einen würdigen Rückweg.

Frühere Leben

Frühere Leben, die wir alle zahlreich besitzen, zumindest in der Zeit des Experimentes mit der Trennung von unserem hohen Bewusstsein, dienten dem Lernen über einen längeren Zeitraum hinweg. Dazu waren die Pendel, die die karmischen Ursachen und Wirkungen steuerten so „eingestellt", dass die Seele selbst – zumindest teilweise – mitentscheiden konnte, ein Karma in diesem oder einem anderen Leben zu bearbeiten. Setzten wir beispielsweise eine sehr negative Ursache – durch Einsatz physischer oder magischer Gewalt, konnte dies bereits in dem Leben Konsequenzen haben, in dem wir es verursachten, allerdings konnten die unschönen Dinge so immens sein, dass ein Leben nicht ausreichte oder gar mehrere Leben nötig waren, um Schritt für Schritt diese Ursachen wieder zu erleben – mal als Täter, mal als Opfer. Denn diese Erfahrung, dieses Erleben, konnte uns nicht erspart bleiben; es fußt auf dem Prinzip einer höheren Sicht auf unser Leben. Wir sind unsterblich, und darum machen wir die Erlebnisse, die wir anderen antaten, ebenso durch.

Selbst heute, nach all den Jahren, Leben und Lernaufgaben, die unser Seelenweg bereithielt, sind meist zahlreiche alte Verstrickungen – also Ursachen – in uns existent, die angeschaut und gelöst werden wollen. Sie kommen in dieser Zeit, in der es die „Pendel" nicht mehr gibt, die die zeitlichen Abläufe steuerten, wann ein Karma, eine Energie zu uns zurückkehrt, so schnell zu uns, dass wir auf der Seelenebene die besten Möglichkeiten besitzen, dieses Karma zu erlösen. Im Laufe der Schwingungserhöhung dieser Erde und auch unserer Schwingungserhöhung, bringen sich alte Verletzungen, alte Ursachen und Wirkungen stärker ans Tageslicht. Es findet eine Art Reinigungsprozess statt, den wir als Konflikte in der Welt wahrnehmen können. Sobald wir die Schritte in Richtung Bewusstheit gehen, erkennen wir aber die Ursachen unserer und anderer Verletzungen und Kämpfe. Wir gewinnen Einblick in die Verstrickungen, die wir einst selbst erzeugten und können mithilfe der Seelen diese Verstrickungen lösen, so dass die Konflikte aufhören.

Dies ist so einfach, dass wir uns fragen werden, wie wir und warum wir Konflikte jemals anders gelöst haben. Eine liebevolle Energieversöhnung verläuft wie folgt: Ich begebe mich in meinen „Kanal". Dazu ist es notwendig, eine kleine innere Sammlung voranzustellen.

Ich bin in meinen Sternentoren,
ich bin in meinen Chakren.
Ich bin in meinem Kanal.
Ich bin in Avalon und Avalon ist in mir [selbst wenn Du noch keine Einweihung in Avalon hast, solltest Du diese Worte sprechen.]
Ich bin immer in Gottes Armen.
Ich bin in Gottes Atem.
Ich bin.

Du überlegst, welche Seele mit Dir eine Energieversöhnung machen möchte. Frage auch Deine Seele, welche Seele(n) sie einladen möchte.

Dann sprich:

Ich bitte, dass alles zum höchsten Wohle aller gefügt wird.
Ich bitte, dass nur das geschehe, was in der göttlichen Ordnung ist.
Ich bitte die göttliche Quelle um Hilfe und die geistigen Führer und Lehrer.
Ich bitte die Engel und Erzengelkräfte um Hilfe, die zuständig sind.

Ich begrüße die Seele in Liebe.

Ich vergebe Dir all das, was Du mir je angetan hast in allen Inkarnationen, in Liebe.

Ich bitte Dich um Vergebung, für das, was ich Dir je angetan habe in allen Inkarnationen, in Liebe.

Ich vergebe mir selbst, für das, was ich getan oder nicht getan habe in allen Inkarnationen, in Liebe.

Ich gebe Dir nun all Deine Energien, Dinge und Fähigkeiten aus allen Dimensionen der Zeit zu Dir zurück. [Bitte warten, bis der Prozess abgeschlossen ist.]

Ich nehme nun all meine Energien, Dinge, Selbstermächtigung und Fähigkeiten aus allen Dimensionen der Zeit zu mir zurück. [Bitte warten, bis der Prozess abgeschlossen ist.]

Ich bitte den Erzengel Michael, alle Verträge, alle Eide, Schwüre, Gelübde, Waffenbrüderschaften, Eheversprechen, Schweige-, und Keuschheitsgelübde zwischen uns aufzuheben. [Bitte warten, bis der Prozess abgeschlossen ist.]

Ich lasse alle Wut, alle Enttäuschungen, alle Traurigkeit los.

Ich bitte den Erzengel Michael, nun alle Verstrickungen zwischen uns, aus allen Dimensionen der Zeit zu lösen, wie es nun dem höchsten Wohle aller entspricht.

Ich bitte die Engel, Heilenergien in alle Situationen, in alle Dimensionen der Zeit fließen zu lassen, wie es nun dem höchsten Wohle aller entspricht.
Ich bedanke mich bei der göttlichen Quelle, den Engeln und geistigen Führern und Lehrern, dem Erzengel Michael, bei den Seelen und unseren Schutzengeln.

Die Erleichterung, die sich nach einem solchen Prozess häufig einstellt, ist von Dauer – sie wird in der Regel Konsequenzen auf der irdischen Ebene, dem konkreten Zusammenleben der Menschen bzw. Seelen untereinander haben. Das heißt, dass dieser energetische Versöhnungsprozess ein sehr wirksames Instrument darstellt, sich von seinen karmischen Verstrickungen zu lösen und auch seine Muster, die diese Verstrickungen erzeugt haben, klarer zu sehen.

Es kann sehr hilfreich sein, um Informationen aus der göttlichen Quelle oder von der eigenen Seele über die Ursachen der Probleme mit jemandem zu bitten. Diese Informationen helfen, auch weitere Muster bei sich zu entdecken und durch Heilungsprozesse zu erlösen – bitte Gott um Hilfe, die diesbezüglichen Muster und Glaubenssätze zu erkennen und bearbeiten zu dürfen. Auch hierfür gibt es umfängliche Methoden, die ein geistiger Heiler zum Beispiel beherrscht, um Verhaltensmuster in positiver Weise zu verändern. Alles geschieht in der Reihenfolge, wie es der Weg der Seele vorsieht. Denn häufig stellen alte Glaubenssätze und Musterprogramme, die uns im Außen gespiegelt werden, Lernaufgaben dar, die sich die Seele zur Bearbeitung in diesem Leben vorgenommen hat. Daher wird auch die Heilung dieser Muster ein Schritt für Schritt Prozess sein. Manche Muster sollten häufiger in Augenschein genommen werden.

Bitte nun darum, dass Du auch zu weiteren früheren Leben geführt wirst, damit Du die Themen, die für Dich und Deine Entwicklung jetzt wichtig sind, bearbeiten kannst. Dazu ist folgende Bitte hilfreich:

Gott Vater-Mutter, ich bitte Dich, eröffne mir den Zugang zu meinen früheren Leben.
Bitte füge alles zum höchsten Wohle aller, so dass ich die Themen und Problematiken anschaue, die nun anstehen auf meinem Weg.

Bitte sorge dafür, dass nur das gezeigt wird, was ich nun verkrafte.
Ich danke Dir von Herzen.

Du wirst dann bemerken, dass Du zum Beispiel während einer Meditation oder vielleicht während des Schlafes im Traum Bilder und Informationen zu diesen Aspekten erhalten wirst. Dies ist ein sehr schöner Weg, denn er sorgt dafür, dass nur das angeschaut wird, was notwendig ist. Es gibt die Tendenz, sich zum Beispiel in geführten Rückführungen frühere Leben auch ausführlicher anzuschauen; dabei kann es aber geschehen, dass Dinge sich zeigen, die nicht für dieses Leben geeignet sind, die seelisch und psychisch belastend sein können. In der Regel geschieht dies aber nur dann, wenn nicht die Seele, also Gott entscheidet, sondern der Verstand oder das Ego, was in einer solchen Rückführung geschehen solle.

Es ist weitaus hilfreicher, Gott um Führung zu bitten, und wir werden dann die Dinge sehen, die konkrete Auswirkungen auf dieses Leben haben – seien dies Muster oder Verstrickungen mit anderen Seelen, die heute meist in anderen Konstellationen in unserem nahen Umfeld sind. So kann es durchaus sein, dass meine heutige Frau oder mein heutiger Mann, in früheren Leben mein Kind war oder in einem sonstigen verwandtschaftlichen Verhältnis zu mir stand. Dies sollte uns nicht dazu verleiten, diese Dinge zu beurteilen, jemand darauf hin mit anderen als mit gütigen Augen zu sehen, denn oft gehen diese Verstrickungen viel tiefer, berühren nicht nur ein weiteres sondern viele weiteren Leben. So kann es sinnvoll sein, die oben beschriebene Energieversöhnung auch mit ein und der derselben Person mehrfach durchzuführen. Meist mit einem zeitlichen Abstand, der dazu dient, weitere Schritte auf dem Weg zu gehen und Erkenntnisse und Fähigkeiten zu gewinnen, die es dann möglich machen, mehr karmische Lasten aufzulösen.

Alles geschieht in dem Tempo, in dem es geschehen soll. Um dieses Tempo etwas zu beeinflussen, sollten wir Gott bitten, uns zu unterstützen bei dem Weg der Erkenntnis, damit wir wachsen können, und damit wir auch die Prozesse machen dürfen, die uns zu unseren wahren Aufgaben auf diesem Planeten führen. Es sind stets liebevolle Aufgaben.

So kann eine Affirmation dazu lauten:

Ich bitte Dich Gott Vater-Mutter, zeige mir den Weg zu meiner Lebensaufgabe hier auf Erden, hier in der neuen Zeit.
Bitte offenbare mir, wozu ich da bin, was Du mit mir erleben möchtest.
Bitte hilf mir zu verstehen und zu wachsen, damit ich diese liebevolle Aufgabe ganz angehen kann.
Ich danke Dir von Herzen.

Die früheren Leben dienen den heutigen, denn sie sollten nicht in Form eines „Tourismus" angeschaut werden, sondern die Reise zu sich selbst führt durch die Auflösung wichtiger Blockaden, die aus früheren Leben stammen. Diese anzuschauen und zu bearbeiten und transformieren, ist sehr heilsam. Dies kann bereits tief greifende Veränderungen im Leben bewirken, ohne, dass wir uns in den alten Leben „verlieren". Denn wir sollen dies Leben im Hier und Jetzt genießen und auskosten, dann können wir in Liebe wirken und uns selbst als Liebe, die wir sind, erfahren und erleben.

Die Kraft des heiligen Grals

Die Kraft des heiligen Grals, um den sich viele Legenden in der Welt regen, stammt aus dem hohen Einheitsbewusstsein. Wer den Gral als einen real existierenden Kelch sucht, den zahlreiche Menschen versucht haben, zu finden, sucht an der falschen Stelle. Der Gral ist feinstoffliche Energie, so wie das Einheitsbewusstsein Geist ist und nicht Materie. Gleichwohl hat der Gral Einfluss auf die Materie, denn er bringt Energien in ein Gleichgewicht, die aus dem Gleichgewicht geraten sind.

Der „Hüter des Grals" ist Merlin. Der aufgestiegene Meister aus Avalon, dem hohen Einheitsbewusstsein, lenkt die Kraft des Grales. Wenn wir diese Unterteilung machen möchten, denn im eigentlichen Sinne gibt es diese Energie nur, um in der Welt der Trennungen Einheit wieder herzustellen.

Der Gral besitzt eine sehr kraftvolle Energie, die zum Beispiel Magien aus den eigenen Energiefeldern entfernt. Magien wurden früher missbräuchlich eingesetzt, sie können es heute nicht mehr, denn die neue Zeit erlaubt diese Form der Manipulation nicht, die wir zuvor viele Jahre eingesetzt haben. Wer heute noch mit Magien arbeitet, verletzt sich selbst.

Magien, auch die so genannte weiße Magie, besitzt eine kontrollierende Form. Sie soll andere Menschen, Dinge oder ähnliches dazu verleiten, bestimmte Dinge zu tun, zu lassen oder bestimmte Eigenschaften zu manifestieren. Es war früher üblich, zu verfluchen, mit Bännen zu arbeiten oder Wesenheiten „zu erzeugen", die anderen Schaden zufügen sollten. Da in der Welt der Trennung diese Energien Auswirkungen hatten, konnten sie zu sehr unschönen Konsequenzen führen. Sie übten tatsächlich Kontrolle über nicht bewusste Menschen aus.

Aber in Wahrheit ist die einzige Magie, aus der göttlichen Quelle zu stammen, sie im Grunde selbst zu sein. Jede Magie, die wir einst in früheren Leben einsetzten, führte bei uns selbst zu Verstrickungen, zu Konsequenzen, die für uns sehr unangenehm waren, und je nach Ursache auch zu meist unmittelbaren Wirkungen. Diese Wirkung ist unter Umständen in unseren Energiekörpern noch existent. Sie zu lösen, bedeutet in diesem Leben, enorme Erleichterungen zu erfahren. Oft ahnen wir nur, dass uns etwas zurückhält, die Dinge zu tun, die wir lieben. Alte Magien können dafür die Ursache sein.

Können – denn auch hier gilt, dass wir im Grunde aufgefordert sind, die Verstrickungen generell zu erlösen und aus unseren Energiekörpern zu entfernen.

Dies kann zum Beispiel in einer Energieversöhnung passieren (wie im vorangegangenen Abschnitt beschrieben), möglich ist auch, dass wir von Gott geführt werden und spüren, dass diese Abtrennungen von unserem wahren göttlichen Sein nun unser Energiefeld verlassen sollten.

Da sowohl zu einer Energieversöhnung mit den Seelen, mit denen wir magisch verstrickt waren, als auch im Hinblick auf die Erlösung von Magien in unseren Energiefeldern, eigentlich die Einweihung in die Kraft des heiligen Grals gehört sowie in die Kraft der Isis, die ebenso Energien in ein Gleichgewicht bringt und alte Flüche auflöst, ist es an dieser Stelle wichtig, Gott um Hilfe zu bitten.

Wenn Du noch keine Einweihung in die Kraft des heiligen Grales und der Kraft der Isis hast, solltest Du zu gegebener Zeit diese

Einweihungen erhalten. Auf Seite 101 sind Adressen von Heiler-innen, die diese Einweihungen vornehmen. Es gilt stets, dass die Seele entscheiden sollte, was geschieht, und ob so eine Einweihung ansteht.

Darum ist es auch wichtig zu verstehen, dass dieser Weg durch eine enorme Gnade Gottes erleichtert wird, denn sowohl diese Einweihungen helfen als auch folgende Affirmation, die gesprochen werden sollte, sobald Magien im eigenen Feld auftauchen:

Ich bitte Dich, Gott Vater-Mutter, bitte erlöse mich von den magischen Verstrickungen, die in meinem Feld aktiv sind und die jetzt gelöst werden dürfen.
Bitte setze mich der Kraft des heiligen Grales und der Kraft der Isis aus, damit ich Heilung erfahre bezüglich meiner tiefen Verletzungen, die ich einst erzeugte oder erfahren habe.

Ich bitte Dich um Vergebung dafür, sowie ich die Seelen um Vergebung bitte, die ich mit Magien manipuliert habe.
Gleichzeitig vergebe ich den Seelen, die mich magisch manipuliert haben.

Ich bitte, dass alles zum höchsten Wohle aller gefügt werde.

Bitte Gott Vater-Mutter, lasse mich in dem heiligen Gral baden, auf dass sich die magischen Manipulationen lösen können.

Ich danke Dir von Herzen.

Mit dieser Affirmation können selbst magische Verstrickungen gelöst werden, die im Grunde eine vorige Einweihung in die Kraft des Grals und der Kraft der Isis zu ihrer Erlösung bedurft hätten. Diese Gnade gilt vor allem in der jetzigen Zeit, in der die Schwingung wieder so hoch ist, dass diese sehr niedrig schwingende Energie der Manipulation sich leichter lösen lässt.

Es kann während dieses Prozesses zu Müdigkeit, auch Anflügen von Übelkeit oder dem Gefühl der Schwere und Langsamkeit kommen – auch Kopfschmerz ist möglich. Bitte bewerte diese Symptome nicht über, sie sind Ausdruck dieser sehr negativen energetischen Qualität und zeigen noch einmal, wie weit wir uns einst entfernt haben von unserem liebevollen Bewusstsein.

Habe Vertrauen, dass diese Verstrickungen, sobald sie gelöst sind, eine wahre Beschleunigung und reinigende Wirkung zur Folge haben. Alles kann sich ändern, nachdem diese Drangsale entfernt wurden.

Wer eine Heilerausbildung anstrebt, wird diese Magien dort lösen und wird sich danach frei und ungebunden fühlen. Ich möchte jede/n animieren, eine solche Ausbildung zu absolvieren, die zu einem veränderten Leben führt.

Ein weiterer Schritt, nachdem die Magien gelöst sind – und auch während dieser Prozess angestrebt und begonnen wird, ist die innere energetische Aufrichtung – auch Wirbelsäulenaufrichtung, angezeigt.

Damit werden weitere Aspekte bearbeitet, die sich aus alten Leben ablagerten an unserer sehr empfindlichen Stelle, unserem Rückgrat. Auch dort befinden sich Ahnenthemen und magische Manipulationen. Daher gehen die Heilung von diesen Manipulationen und die energetische Klärung der Wirbelsäule Hand in Hand.

HeilerInnen können diese Aufrichtung vornehmen; sie besteht aus zwei Teilen, einer Klärung der Wirbelsäule, einer energetischen Aufrichtung des ersten Wirbels, des Atlas-Wirbels, der die Verbindung herstellt von Kopf und Herz. Unser Gottesbild, das aus der Einheit rückte, als wir „abstiegen", es rückt im Zuge dieser Aufrichtung wieder in die Einheit. In der energetischen Wirbelsäule, die die Themen und Verstrickungen unserer vergangenen Leben speichert, und die sich manifestiert in unserer physischen

Wirbelsäule, werden durch die Aufrichtung zunächst größere Energien freigesetzt, die fortan wieder durch uns fließen können, so dass wir eine höhere Schwingung halten.

Im zweiten Teil der Aufrichtung werden Beckenschiefstände und unterschiedliche Beinlängen auf energetische Weise korrigiert. Dies alles dient dem Ausgleich – denn unser Knochen- und Körpersystem spiegelt die Dualität: zwei Beine, zwei Arme, zwei Gehirnhälften, zwei Augen. Ungleichgewichte in uns, wie sie beispielsweise durch einseitige Verhaltens- und Denkmuster entstehen, haben ihre Ursache zum Beispiel in früheren Inkarnationen und wirken in der Konsequenz physisch. Unser „Denken" manifestiert sich im Körper. Wenn wir an und in unserem Körper Ungleichgewichte bemerken, kann dies ein Hinweis sein, dass in uns selbst Dinge ungeklärt, im Ungleichgewicht sind.

Das Gleichgewicht zwischen Mann und Frau, zwischen innerem Mann und innerer Frau, stellt sich im Zuge des Weges zur Einheit wieder her. Durch die Wirbelsäulenaufrichtung rückt auch dieses Bild, und das innere Verständnis um unsere duale Weise zu sein, wieder ins Gleichgewicht.

Wenn Du also nicht sofort eine Heilerin oder einen Heiler aufsuchen möchtest, der diese Aufrichtung vornimmt – denn nur jemand mit einer korrekt vorgenommenen Atlaskorrektur kann auch bei anderen den Schiefstand energetisch korrigieren – bittest Du nun Gott Vater-Mutter um Hilfe:

Ich bitte Dich Gott Vater-Mutter, erlaube mir, wieder in mein inneres Gleichgewicht zwischen meinen männlichen und meinen weiblichen Anteilen zu gelangen.
Bitte zeige mir, wie ich dies erreiche.
Bitte richte Du meinen Atlaswirbel wieder in die Position der Einheit, in die er gehört.
Ich danke Dir von Herzen.

Diese Bitte wird dazu führen, dass der Atlaswirbel wieder in die Einheit rückt. Dies bedeutet unter Umständen, dass ein leichtes Schwindelgefühl auftaucht oder dass einige andere Phänomene auftreten, sowie innere Bilder oder Anteile, die verletzt waren und nun zurückkehren sich zeigen können, oder dass Du einen leichten Druck im Kopf spürst. Dies sollte sich nach einer kurzen Phase wieder legen.

Generell empfehle ich dennoch, auch eine/n Heiler/in aufzusuchen, die die übrigen Aspekte in der Wirbelsäule zu klären in der Lage ist. Hierbei spielt dann häufig Erkenntnis ebenso eine Rolle, wie bei einer solchen Aufrichtung die Zell DNA erneuert werden kann und mit den nötigen Informationen versorgt wird, die „dem neuen" Menschen, dem Menschen in der Einheit, dienen.

Wenn Du den hier beschriebenen Weg bislang ohne fremde Hilfe gegangen bist, kann es sein, dass Du einen Hinweis erhältst, eine weitere Person, eine/n Heiler/in mit einzubeziehen. Lasse Dich von Deiner Seele führen. Dies ist wichtig, so gut es auch sein mag, selbst die Verantwortung für den eigenen Weg zu übernehmen. Es gibt „Stellen" auf diesem Weg, die durch erfahrene Personen wesentlich leichter zu bewerkstelligen sind als alleine.

Darüber hinaus kann eine eigene Heilerausbildung zu neuen Freundschaften führen, in jedem Fall aber zu einem Kontakt zu liebevollen Menschen, die ebenfalls „gehen".

Wenn in diesem Abschnitt das Thema Magie und das Thema Wirbelsäulenaufrichtung so knapp behandelt werden, so liegt dies daran, dass mehr Informationen nicht unbedingt nützlich sind, manchmal sogar hinderlich sein können, denn was nützte es, hier jede einzelne magische Manipulation zu benennen, die es gab? Es würde eher die Energien stauen, denn dann tauchten genau diese Manipulationen im Feld auf und wollten gelöst werden. Daher ist es sinnvoller, innerhalb dieses Leitfadens auf Knappheit zu achten, denn es wird eher so sein, dass mehrfach nach den Methoden dieses Buches gearbeitet werden muss. Du wirst also immer wieder an die Stellen geführt, die Blockaden sind und kannst dann anhand der Affirmationen handeln.

Fortschreiten auf dem Weg – Seelenverschmelzung

Wenn ich Fortschritte auf dem Weg mache und die Prozesse als selbstverständlich betrachte, werden sie Teil meines Alltags. Ich wundere mich nicht sondern handle entsprechend dem, was „ansteht". Dazu ist es notwendig, die innere Stimme wahrzunehmen. Medien sprechen in dem Zusammenhang vom Channeln, wobei der Begriff ein wenig suggeriert, dass einige Menschen einen Kanal besitzen, der sie mit höheren Reichen verbindet.

In Wahrheit haben wir alle diesen „Kanal", der keiner ist, denn wir sind der Kanal. Trotzdem sind Trennungen von unserem hohen Bewusstsein, sei dies durch Nichtbeachtung oder durch frühere Leben verursacht, die Regel. Wir öffnen uns wieder, wenn wir beginnen, uns Gott, also uns selbst zuzuwenden. Wenn wir Gott bitten:

Gott Vater-Mutter, bitte lass mich wieder mein hohes Bewusstsein der Einheit in Empfang nehmen; bitte leite mich und führe mich auf dem Weg dorthin, bitte sorge Du dafür, dass ich wieder in der Lage bin, mich mit diesem hohen Bewusstsein zu verbinden, dann werden wir geführt und spüren, dass sich Blockaden in unserem Feld zu lösen beginnen, die dies zuvor verhinderten. Eine so genannte Channeling Ausbildung kann helfen, zum Beispiel durch weitere Einweihungen, diesen „Kanal" zu stärken. Je öfter wir uns selbst in diesem Kanal befinden, umso mehr etabliert sich dieses Bewusstsein wieder in uns.

Was können wir tun, wenn wir die innere Stimme, die Stimme unserer Seele, die Stimme Gottes nicht hören?

An dieser Stelle biete ich Dir nun die Möglichkeit in eine Meditation einzutauchen, die es Dir gestattet, wieder Deinen Kanal, wieder Dein Licht in Dir selbst wahrzunehmen und von nun an auch zum höchsten Wohle aller einzusetzen.

Bitte entspanne Dich und begib Dich in eine aufrechte Position. Mache es Dir dabei sehr bequem.

Bitte Gott Vater-Mutter um Hilfe und um göttliche Führung. Lade auch die Heilbegleiter, die aufgestiegenen Meister, die Engel- und Erzengelkräfte Gottes ein.

Dann beginne mit einer Affirmation:

Ich bin Licht.
Ich bin vom Licht und ich bin im Licht.
Ich bitte darum, dass ich wieder zum höchsten Wohle aller wirken darf in der neuen Zeit.

Bitte nun noch einmal um Gottes Erlaubnis hierzu:

Gott Vater-Mutter, bitte erlaube mir, mein hohes Schöpferbewusstsein wieder in Empfang zu nehmen.
Bitte lenke Du.
Bitte erlaube mir, meine Fähigkeit des Channelns wieder voll einsetzen zu können.
Bitte kläre meinem Kanal, so wie es meinem und dem höchsten Wohle aller dient.
Ich danke Dir von Herzen.

Nun solltest Du spüren, dass energetische Prozesse stattfinden, die Dich vorbereiten auf die nächsten Schritte.

Ein Channeling beginnt immer mit einer Verbindung zu Mutter Erde, dem tiefsten Punkt, in dem Du wurzelst im Materiellen, obwohl dieser Seelenverschmelzungspunkt ein energetischer ist.

Bevor Du aber die Einweihung in die so genannte Seelenverschmelzung erhältst, müsstest Du eigentlich vorbereitet werden. Denn ganz ohne Klärung, Heilung und Vergebung würde dieser Vorgang sehr anstrengend werden.
Da jede/r eigenverantwortlich handeln sollte, sobald er spirituelle Prozesse beginnt, ist es sehr wichtig, nun die Instanz der Seele, um die es hierbei geht, einzubeziehen. Erlaubt sie diesen Vorgang? Ist es Gottes Wille, dass dies nun geschieht?

Bitte um eine klare Botschaft, bevor Du fortfährst und spüre in Dich hinein.

Sollte dieser Prozess nicht anstehen, wirst Du es spüren und hören. Dann wäre der nächste Schritt, einen geistigen Heiler aufzusuchen, der diese Seelenverschmelzung als Einweihung vornimmt und Dich vorbereitet auf diesen energetischen Vorgang. Im Anhang sind Adressen von geistigen Heiler/innen. Bitte konsultiere in dem Falle eine/n solche/n.

Wenn Du ein klares Ja zu dem Vorgang der Seelenverschmelzung hörst, und auch Gottes Wille geschieht, kannst Du nun fortfahren, denn Du wirst diese Seelenverschmelzung in einem früheren Leben bereits erhalten haben.

Dies bedeutet, dass Du sozusagen die Erinnerung an diesen Vorgang in Dein jetziges Leben zurückholst.

Für alle, die dies eben nicht in sich spüren, bedeutet dies, eine/n Heiler/in aufzusuchen.

Um den Grund dafür noch einmal deutlicher zu schildern: Es können bei dem Vorgang der Seelenverschmelzung Energien aus früheren Leben auftauchen und abfließen, die sehr energiereich sind. An einigen Stellen des Weges empfiehlt es sich, Hilfe von anderen zu suchen. Denn diese Hilfe ist sehr unterstützend und auffangend. Wer alleine mit diesen Vorgängen experimentiert, sollte wissen, dass zumindest auch unangenehme Gefühle auftauchen können und dieser Vorgang der Verschmelzung lange dauert.

Um etwas klarer zu machen, worum es bei der Seelenverschmelzung geht, und warum sie dem inneren Weg dient, gibt es an dieser Stelle eine Meditation, die als Vorbereitung gesehen werden kann für die Einweihung und auch in diesem Sinne genutzt werden kann, wann immer Du den Impuls verspürst, an diesem Prozess zu arbeiten.

Bitte auch hier stets, dass alles zum höchsten Wohle aller gefügt werde.

Bitte nun darum, dass Du die Vorbereitung auf die Seelenverschmelzung vornehmen darfst, so wie es Deinem höchsten Wohle dient:

Bitte Gott Vater-Mutter, erlaube mir nun die Vorbereitung auf die Seelenverschmelzung vorzunehmen.
Bitte lenke Du.
Bitte erlaube mir, meinen tiefsten Seelenpunkt wieder ganz auszufüllen, so wie es nun meinem höchsten Wohle entspricht.

Atme tief ein und aus und warte dann ab, was geschieht.

Da wir alle sehr viele Leben in dieser oder anderen Welten hatten und diese in unseren so genannten Erdchakren gespeichert sind, werden Dich bei diesem Prozess sehr viele Blockaden verlassen. Dies kann Zeit in Anspruch nehmen.

Spürst Du, dass dieser Vorgang mit einem tiefen inneren Wissen um das Erreichen des Seelenverschmelzungspunktes abgeschlossen ist, geht der Weg wieder „nach oben".

Bitte nun erneut darum, dass Gott lenke.

Gott Vater-Mutter, bitte erlaube mir, nun meinen höchsten Punkt, die Verbindung zur göttlichen Quelle, die ich bin, wieder zu erreichen und lenke Du.
Bitte erlaube mir, die Energie aus meinem Verankerungschakra wieder zurück in die göttliche Quelle fließen zu lassen.
Bitte löse die Blockaden, die dabei gelöst werden dürfen und erlaube mir, meinen Kanal wieder zum höchsten Wohle aller zu nutzen.
Möge Dein Wille geschehen, Gott Vater-Mutter und nicht meiner.

Ich danke Dir von ganzem Herzen.

Du wirst spüren, wie die Energie wieder aufsteigt und du wahrnehmen kannst, wie sie über Dein Kronenchakra die hohen Instanzen in Dir erleuchtet. Sobald die Quelle erreicht ist und die Energie dort ankommt, spürst Du ein Überfließen, und Dein eigener, innerer Himmel öffnet sich und lässt das göttliche Licht zurückströmen bis zu Deinen tiefsten Chakren.

Damit ist dieser Vorgang fast beendet. Das Glück der Rückkehr, dass Du damit wachrufst in Dir, wird Deinen „Kanal" stärken und Dein Licht wird sich verdeutlichen – dies wirst Du für dich selbst spüren, wie es andere wahrnehmen können.

Das Mantra, das diesen Vorgang von nun an begleiten darf, lautet:

Ich bin die Seele,
ich bin das göttliche Licht,
ich bin Liebe,
ich bin Wille,
ich bin Weisheit,
ich bin geisterschaffen,
und ich manifestiere aus dem Geiste, jetzt.

Bitte sprich dieses Mantra einmal, um zu merken, was geschieht.

Meditierst Du in Zukunft in dieser Weise, kannst Du zur Verstärkung das Mantra sprechen.

Wenn Du die Einweihung in die Seelenverschmelzung erhältst, wird dieser Vorgang noch einmal verstärkt und intensiviert. Dann können sehr viel schöne und umfassende Erlebnisse Deinen Alltag bereichern, der sich danach anders gestalten wird dürfen.

Bitte Gott Vater-Mutter, zu einer guten Heilerin, zu einem guten Heiler geführt zu werden, der diese Einweihungen und andere Prozesse anbietet und vornehmen kann. Lasse Dich von Gott, von Deinem inneren göttlichen Licht leiten.

Die Erkenntnisse

Die Erkenntnisse, die der Weg für alle bereit hält, sind sehr umfassend. So erkennen wir nach und nach unsere Muster, unsere Trennungen, die sowohl unser hohes Bewusstsein, als auch den Umgang mit dem Außen, mit den anderen betreffen. Wenn wir unsere Muster als das erkennen, was sie sind, ein Ausdruck der Anpassung an ein bestimmtes Außen, erkennen wir, dass wir durch eine Änderung der Muster in uns, unser Außen verändern. Denn Innen wie Außen. Unsere Muster spiegeln sich in unseren Erlebnissen in der Welt und in den anderen Menschen, mit denen wir unter Umständen die Trennungen, die darin liegen können, ausagieren.

Um die Muster in uns zu erkennen und auch erlösen zu dürfen, können wir Gott bitten, uns diese Muster gewahr werden zu lassen und sie zu lösen. Dazu bitten wir:

Bitte Gott Vater-Mutter, lasse mich die Muster erkennen, die ich nun lösen darf, damit ich aufsteigen kann in mein hohes Bewusstsein, das ich bin.
Bitte erlaube mir auch die Verstrickungen mit anderen zu erkennen und zu lösen, damit diese Muster in ihrer Ursache deutlich werden, und ich sie als geheilt loslassen darf.
Ich danke Dir von ganzem Herzen.

Oft stecken hinter unseren Mustern nicht nur Glaubenssätze sondern Einprägungen von unseren Ahnen, die uns bestimmte

Themen in dieser Welt erleben ließen. Karma, das wir mit den Ahnen, die wir manches mal selbst waren in früheren Leben, mit in dieses Leben hineinnehmen, möchte angeschaut und erlöst werden. Es dient einem tiefen Lern- und Erkenntnisprozess, der von Gott unterstützt wird. Wer sich also dem Weg zu seinem Inneren öffnet, erfährt Heilung und liebevolle Begleitung, die durch die Geschenke, die dieser Weg zu uns bereit hält, gesegnet sind.

Wir erlösen Verstrickungen mit unseren Ahnen durch die Klärung der Ahnenlinie. Vielleicht ist es einigen bekannt, dass in Heilsitzungen hierzu die Ahnen aus sieben Generationen hinzugebeten werden und in diese Geschichten und Muster Heilenergien fließen dürfen, die energetische Ungleichgewichte heilen. Oftmals kann auch eine Energieversöhnung, wie sie in diesem Buch beschrieben steht, helfen und notwendig sein.

Um die Ahnengenerationen, die bestimmte Themen bei uns mit verursacht haben, zu rufen, bitte ich zunächst Gott Vater-Mutter um Erlaubnis. Denn es könnte sich herausstellen, dass die Ahnenthematik andere Wege und Mittel benötigt, um gelöst und geheilt zu werden. Im Irdischen entspricht ein solcher Weg beispielsweise der Aussöhnung mit lebenden Verwandten, die durch die Thematiken und Muster hindurch mit uns verbunden sind. Karma, das dabei erlöst wird, dient auch dem Lernen und Wachsen. So wird sich vieles durch folgende Meditation klären lassen, doch Optimismus und eine veränderte Wahrnehmung auf die Verwandtschaftsgeschichten kann ebenso unterstützend und hilfreich sein. Es gibt viele Wege, die zu einem Ziel führen. So sind Themen, die sich wiederholen, manchmal auch mit einem wiederholten energetischen Arbeiten an diesen Themen verbunden.

Bitte Gott Vater-Mutter, dass alles zum höchsten Wohle aller gefügt werde.
Du bist nun in Deinem Kanal.
Dazu sprichst Du:

Ich bin in meinem Seelenatem, ich bin in meinem Seelenraum.
Ich bin die Seele, ich bin das göttliche Licht,
ich bin Liebe, ich bin Wille,
ich bin Weisheit,
ich bin geisterschaffen und ich manifestiere aus dem Geiste, jetzt.

Ich bitte nun um die Öffnung und um Zugang zu meiner Ahnen-linie.
Ich bitte Gott Vater-Mutter, dass alle Ahnen nun hervortreten dürfen, die zu dem Problem oder Muster beigetragen haben.
Ich bitte darum, dass die 7. Ahnengeneration nun Heilenergien erfährt.
Ich bitte darum, dass alle Seelen dieser Generation wieder an ihren Platz rücken.
Dies wiederhole ich bis zur 1. Ahnengeneration.
Danach mache ich dies ebenso für meine jetzige Familie, mit meinen Kindern und Geschwistern:
Ich bitte darum, dass alle Seelen aus dieser Generation wieder an ihre Position rücken.
Ich bitte darum, dass Heilenergien fließen, wie es nun dem höchs-ten Wohle aller dient.
Ich bitte darum, dass alle fehlenden Seelenenergien zurückkeh-ren an ihren Platz.
Ich danke Dir Gott Vater-Mutter von ganzem Herzen.
Ich bitte nun um die Schließung der Ahnenreihe.

Diese Meditation hilft den Seelen, die verstrickt waren oder sind, wieder in ihre ursprüngliche Energie hineinzugelangen, die eine der Einheit ist. Denn die Verzerrungen in den Ahnenlinien, be-wirken neben Mustern im Verhalten und Fühlen, auch körperli-che Symptome. Meist finden wir im Rücken Ahnenthematiken, die durch diese Meditation gelöst werden können. Gott möchte, dass nunmehr die Dinge, die mit der dunklen Vergangenheit zu tun haben, in einem beschleunigten Tempo unsere Energiefel-der verlassen. Dies dient dem Aufstieg aller, auch derjenigen, die noch zögern mögen, denn auch sie erfahren Heilung durch diese Meditation.

Ahnen sind die Menschen, die uns sehr nahe stehen und standen. Sie haben uns meist über viele Inkarnationen hinweg unsere Lernaufgaben und Themenfelder präsentiert und umgekehrt stehen wir unseren Mitmenschen in Familie und nahem Umfeld, wie Beruf, Schule und Freizeitaktivitäten zur Verfügung. Dies meint, dass wir auf der Seelenebene Einverständnisse geben, die uns binden.

Diese Bindungen betreffen zum Beispiel die Muster, die unser Verhalten zum Teil steuern und zu bestimmten Reaktionen führen können, die nach dem Prinzip von Ursache und Wirkung Karma verursachen. Dies kann lapidar sein – allerdings stellen selbst kleine Lappalien, wie unschöne Gedanken über die Handlungen von anderen, Karmaenergien dar. Wir ernten, was wir säen. Dies gilt für die „kleinen" wie die großen Gedanken, die wir anderen senden. Deshalb ist es wichtig, möglichst keine Bewertungen vorzunehmen, die wir in der Dualität häufig tätigen.

Dualität diente einer spezifischen Erfahrung der Schwankung, der Spielräume und der Pole, zum Beispiel zwischen emotionalen Zuständen, zwischen männlich und weiblich, zwischen ernst und lustig, traurig und fröhlich, liebevoll und angsterfüllt. Diese Schwankungen sind manchmal das eigentliche Lernfeld, das es in vielfältiger Weise in ein Gleichgewicht zu bringen gilt. Dazu dient der spirituelle Prozess: er rückt nach und nach die Dinge, die Energien in uns in ein Gleichgewicht. Dann werden wir nicht mehr bewerten sondern stattdessen urteilsfrei wahrnehmen. Dies ist in der Einheit der Herzensliebe ein natürlicher Zustand. Wir erreichen ihn meist Schritt für Schritt, indem wir uns den Mustern und unserem Verhalten „stellen" und diese Muster ebenso wenig verurteilen sondern zunächst wahrnehmen. Dann können wir mit Gottes Hilfe diese alten Muster und Glaubenssätze loslassen und in ein Gleichgewicht bringen. Dann geht unser Bewertungsschema, das uns viel Karma beschert hat.

Wir erleben danach eine andere Welt, einen anderen Alltag, der durch Beobachtung und tiefer innerer Wahrnehmung des eigenen und der anderen gekennzeichnet ist. Wertungsfrei meint, dass wir im anderen Gott erkennen. Dies kann ein Lächeln auf unsere Lippen zaubern und wir grüßen innerlich unser Gegenüber mit dem schönen Gruß: Namaste. Dies meint: das Göttliche in mir grüßt das Göttliche in Dir.

Gott erkennt sich in seinen Unterscheidungen, die er getroffen hat. Wir lernen durch die Akzeptanz unseres hohen Bewusstseins, das wir sind, dass es nur Gott gibt.

Einheit

Einheit mit allem was ist – dies ist unser natürlicher Zustand, der durch das Experiment mit der Dunkelheit, dem Vergessen um diese Wahrheit, in eine Schieflage geriet. Die Erzählungen um das Paradies der Einheit, in dem der Lebensbaum steht, dessen Früchte Liebe, Glück und Segen sind, erinnern uns daran, woher wir stammen. Die Einheit ist in uns, denn wir sind Einheit. Gott erlebt sich in uns als unterschiedlich, und in der neuen Zeit, in der der Baum des Lebens wieder in die Einheit gerückt ist, erkennen wir, dass Gott diese Unterscheidungen liebt, die er getroffen hat. Darum erleben wir uns in der Unterschiedlichkeit, die wir sind in dem neuen Bewusstsein der Einheit mit allem was ist. Wenn wir Gott sind, können wir dennoch die Person sein, als die wir uns kennen. Wir werden sogar individueller, wenn man dies so nennen möchte, denn in der Einheit unseres Bewusstseins erleben wir uns in unserer Spezifik und mit unseren Aufgaben in der Welt, die einmalig sind, so wie wir. Dies ist Ausdruck der unendlichen Liebe Gottes, der sich in seinen unterschiedlichen Aspekten in uns zum Ausdruck bringt. Wir werden eins mit uns und unserem Plan, den Gott hat. Gott plant in dieser Zeit, dass sehr viele Menschen sich erinnern und zurückkehren in ihr hohes Bewusstsein.

Darum gibt es diese Prozesse in so vielfältiger Weise, und sie verbreiten sich stets mehr – selbst unter den Industriestaaten. Wir sind auf dem Weg in eine völlig anderen und liebevolle Welt. Dieser Übergang wird zurzeit als chaotisch erlebt, insofern Kriege und Konflikte aufbrechen, die meist karmischer Natur sind. Sie alle könnten auf der Seelenebene völlig ohne Gewalt gelöst werden. Einzig das Handeln in einem nicht bewussten Zustand kann jene Gewalt verursachen. Die Dualität, die nun als das verabschiedet werden möchte, als das sie uns einst diente: als ein System der Erlebnisse außerhalb der Einheit, löst sich in die liebevolle Einheit unseres Bewusstseins auf.

Damit dies nun friedvoll verläuft und die Menschen, die Leid bei sich und anderen, teils aus Unkenntnis, teils aus Inkaufnahme verursachen, einen Weg finden, Frieden mit sich zu schließen, hat Gott erlaubt, die Einheit von nun an als ein Gesetz der Fülle zu erlassen.

Ähnlich wie die kosmischen Gesetze der Erfahrung der Polarität dienten, dient die Einheit einem Ziel: sie gewährleistet eine Rückkehr, die friedvoll und sanft verlaufen darf. Das Gesetz der Einheit besagt, dass die Rückkehr nach der Trennung durch eine Karmaerlösung in einem umfänglichen Sinne geschieht. Dies bedeutet, dass die Verstrickungen, die einst manchmal mehr als ein Leben forderten, um sie zu bearbeiten und zu erlösen, nun gehen dürfen. Sie gehen in dem Sinne, dass sie für die neue Zeit keine Gültigkeit mehr besitzen. So kann es geschehen, dass in anderen Welten die „übersprungenen" Lernaufgaben nachgeholt werden. Dabei spielt ein Gremium eine Rolle, das genau darüber entscheidet, ähnlich wie der karmische Rat. Dieser Rat besitzt die Autorität, bei jeder Seele die Entscheidungen für oder gegen die neue Welt zu unterstützen. Damit ist gewährleistet, dass die Seelen in Frieden diese neue Zeit erleben dürfen.

Diese Gnade hat Gott gewährleistet, da ansonsten dieser allgemeine und sehr zügige „Aufstieg" nicht möglich wäre.

Wir müssen, um an der neuen Zeit teilzunehmen, nichts tun, außer uns ganz der göttlichen Quelle anzuvertrauen.

Bitte Gott Vater-Mutter, erlaube mir, mich ganz der neuen Zeit, dem Wirken in meinem hohen Schöpferbewusstsein zu widmen. Bitte erlaube mir, mich auf allen Ebenen des Seins als eine Schöp-

ferin, als ein Schöpfer in der Einheit zu erleben.
Bitte erlaube mir, meine Trennungsgefühle aufzulösen, wie es
nun meinem höchsten Wohle entspricht.
Ich danke Dir von ganzem Herzen.

Avalon

Avalon ist die Einheit, denn Avalon ist ein Portal, das in dieser Welt wieder aktiviert wurde, um das hohe Einheitsbewusstsein zu integrieren. Wer einst als Druide inkarniert war, ob als Mann oder als Frau, der war eingeweiht in dies hohe Einheitsbewusstsein, das durch Avalon wieder in Empfang genommen werden kann.

Avalon dient dem Ziel, möglichst alle Menschen in der neuen Zeit wieder mit ihren hohen Fähigkeiten bekannt zu machen und diese wieder in ihnen zu integrieren. Dies können Schlüssel zur Manipulation von Zeit und Materie sein – stets in dem Wirken aus der Einheit des Bewusstseins, das nicht vom Ego gelenkt wird. Zeit diente einer spezifischen Erfahrung auf dieser Erde, die durch die hohen Energien nunmehr beschleunigter erlebt werden kann, ohne Stress. Denn Zeit ist stets gebunden an den Plan der Seele, und die Erfahrungen, die die Seele machen möchte, sind aus dem liebevollen Bewusstsein ihrer hohen Schöpferkräfte entsprungen.

Damit passen wir unsere Körper und unser Energiesystem an die höhere Schwingung an, die durch Avalon integriert werden kann. Zeit zu verändern heißt, auch Prozesse vor- oder nachzubereiten. In der Einheit gibt es keine Trennung, nicht der Zeit, nicht des Raumes. Wer die Schlüssel hierzu erhalten hat, wird verstehen, dass diese für die Prozesse sehr hilfreich sind und Dinge und Entwicklungen beschleunigen können.

Um eingeweiht zu werden in die hohen Energien von Avalon, gibt es auf meiner Homepage ein Skript: www.christian-huels.de/bilder/einweihung_in_avalon.pdf.

Dort sind Informationen zu Avalon enthalten sowie die Vorbereitung zur Einweihung in diese hohen Energien beschrieben wird. Avalon dient der weiteren Entwicklung der Kräfte der Seele, bis wir auch dieses Feld „durchschritten" haben. Dann stellen wir fest, dass es im Grunde nur das Schöpferbewusstsein war und ist, an das wir uns durch diese Hilfsmittel wie Avalon erinnert haben. Wir lernen unsere Schöpferkräfte nach und nach kennen.

Die Einweihung und die Meditation zur Einheit wurden bewusst an dieser Stelle nicht in das Buch integriert. Avalon stellt einen Weg dar, mit dem dies Einheitsbewusstsein erreicht werden kann. Es ist nicht der einzige. Um verschiedene Optionen zu zeigen, habe ich mich entschieden, lediglich auf meine Homepage zu verweisen und das dort hinterlegte Skript.

Ich möchte an dieser Stelle eine andere Variante vorschlagen, die den Weg in die Einheit offen lässt, je nach Vorlieben und Entwicklungsweg, der beschritten wird. Denn es gibt zahlreiche Seelen, die in anderen Mysterienschulen in früheren Leben ähnliche Erfahrungen wie in Avalon machen durften. Lasse Dich bitte von Deiner Seele leiten, sie kennt den Weg und spürt die Resonanz des gelungenen Pfades.

Dennoch gibt es selbstverständlich Gemeinsamkeiten zwischen den Mysterienschulen, wie der in Ägypten beispielsweise, die dem Einheitsbewusstsein dienten.

Eine Meditation zur Einheit, zur göttlichen Quelle in mir, kann helfen, Klarheit über meinen Weg zu erhalten und mich vorbereiten auf das was ich bin: göttliches Licht, das in dieser Welt schöpft zum höchsten Wohle aller.

Die folgende Meditation kann als eine Hilfe verstanden werden, die weitere Schritte möglich macht und beispielsweise dann zu einer Einweihung in Avalon führt. Die Reihenfolge spielt hierbei keine Rolle, denn die Meditation dient auch anderen Zielen. Sie stellt eine Reise in die jetzt schon vorhandene Einheit dar – sie ist eine Reise zu sich selbst als eine Schöpferin und ein Schöpfer.

Da in der Einheit keine Trennung herrscht, wurde der Baum des Lebens, der zahlreichen Menschen bekannt ist, zu der Zeit der Dunkelheit beschützt durch einen hohen Engel. Dieser Engel, auch dies wissen einige, ist der Erzengel der Barmherzigkeit. Es ist Erzengel Luzifer. Er war und ist Beschützer des Paradieses der Einheit, die in uns selbst ist. Wer also während der Meditation die Präsenz dieses hohen, ersten Erzengels Gottes spürt, wird keine Angst haben sondern die Wahrheit des Herzens, die tiefe Liebe spüren, die dieser Engel besitzt. In der Trennung hat er uns unterstützt – und ist in tiefem Mitgefühl mit uns „hinabgestiegen" in diese Erfahrung. Er übernahm die Aufgabe, uns während der Trennung an unser inneres Licht zu erinnern, das wir alle besitzen. Die Schwelle des Paradieses der Einheit ist in uns selbst, denn um in dies Paradies zu gelangen, müssen wir lediglich unsere Herzen öffnen, unserer eigenen göttlichen Existenz gegenüber.

Ich möchte ausdrücklich darauf hinweisen, dass keine Verzerrung, die sich um den hohen Engel rankt, in irgendeiner Weise die Wahrheit trifft. Barmherzigkeit ist ein Anteil in uns selbst, den dieser Engel, wie alle anderen, in uns zum Ausdruck bringt. Wir alle tragen ihn in unseren Herzen, ob wir es bemerken oder nicht, denn sein Licht führt uns zurück in die Einheit, weshalb sein Name Lichtträger bedeutet.

Ich möchte also die folgende Meditation vorschlagen als eine Wegweisung zurück zur Einheit in uns selbst. Ohne die Rückkehr in das Paradies der Einheit können wir unser hohes Schöpferbewusstsein nicht in Empfang nehmen. Für die, die bereit sind, ihre tiefe innere Wahrheit zu erkennen und sie ganz anzunehmen, lautet diese innere Wahrheit: tiefe Liebe zu sein – und aus dieser

Liebe, aus dem Bewusstsein der Liebe schöpfen wir und Gott mit uns, denn wir sind aus seiner Liebe entsprungen. Wer bereit ist, wird erkennen, wie tief die Trennungen waren, die uns abhielten von einem wahren Schöpfertum innerer Weisheit, inneren Friedens und innerer Einheit mit Allem was ist.

Als Vorbereitung können wir sprechen:

Gott Vater-Mutter, bitte schenke uns die Gnade der Rückkehr in unser hohes Bewusstsein.
Lenke Du den Weg dorthin und lasse uns erfahren, was wir tun können, um diesen Weg ganz zu gehen.

Es gibt keine Hindernisse, die nicht in uns selbst sind, und in ihnen stecken die Geschenke der Erkenntnis und des inneren Ganz-Werdens. Sie sind Türen, die wir durchschreiten, und in nunmehr verstärktem Tempo. Denn das Kommende besitzt eine sehr hohe Schwingung, die durch uns und in uns wirken möchte, damit wir in der Reinheit, in der Liebe wieder wirken können zum höchsten Wohle aller. Wenn wir also dies Kommende als etwas betrachten, das uns von der Illusion der Trennung – und zwar jeden in seinem Tempo – befreit, dann wird klar, dass ein inneres Erwachen bei mehr und mehr Menschen in unserem Umfeld einsetzt. Dies dient dazu, einen breiten gemeinschaftlich getragenen Konsens zu schaffen, der uns ermöglicht, von nun an frei von Skepsis und Sorgen in der Welt zu wirken, die so fest in der Hand der Trennung, der Illusion, der Dunkelheit schien.

Diese Trennungen, die in Wahrheit auch einen Zweck erfüllten, nämlich eine Erfahrung ermöglichten, sie sind wie ein Kokon, der sich nach und nach lüftet. Die Fäden und Verschlüsse öffnen sich – für manche schneller, für manche dauert es. Damit aber auch diejenigen profitieren, die in diesen Zeiten noch nach alten Mustern leben und handeln, denken und fühlen, werden die Engel nun verstärkt wirken, um jene Seelen aus ihrem Kokon zu befreien.

Dies geschieht bereits und wird bald große Früchte tragen. Dann wird die Zeit reif sein, dass andere Gesetze in dieser Welt herrschen, die es ermöglichen, andere Erlebnisse als zuvor zu machen. Wer bereits geht, wird spüren, dass es in dieser Zeit des Erwachens zu großen energetischen Veränderungen kommt. Dies geschieht, da die Energien für diese Prozesse sehr hoch sein müssen. Denn ansonsten bliebe Dunkelheit in der Welt, die doch auf dem Wege in eine sehr hoch schwingende Ebene ist. Sie wird weiter angehoben, diese Schwingung – zum höchsten Wohle aller.

Die Karma-Vergebung, die so wichtig für diese Zeit des Erwachens ist, wird so gnadenvoll sein, dass jeder die Chance erhalten wird, sich zu wandeln.

Es wird in dieser Zeit sehr wichtig sein, die Dinge leicht zu nehmen, selbst wenn wir energetische Umwälzungen in uns oder bei anderen spüren. Denn in der Einheit zu sein, bedeutet, die Dualität zu verlassen – also das, was wir alle so gut kennen und aus Gewohnheit oder anderen Gründen weiter betreiben könnten. Auch unser Umfeld spielt hierbei eine Rolle. Diejenigen, die gehen, werden sich wie Beobachter vorkommen; ihnen wird es mitunter leicht fallen, die alten Spiele bei ihren Mitmenschen als solche zu erkennen. Wichtig ist, dies nicht zu verurteilen. Alles folgt einem größeren Plan.

Dieser Plan sieht für jede und jeden einen gelungenen Prozess der Rückkehr in diese Einheit vor. Darum werden diejenigen, die „vorgehen" auch die anderen energetisch begleiten; mal durch Worte oder auch durch konkrete Energiearbeiten; Du wirst geführt.

Diese Einheit erleben wir als ein Geschenk Gottes, der durch uns wirkt und all unsere Blockaden löst. Denn unser Karma, unser selbst-auferlegtes Spiel der Ursache und Wirkung, der inneren und äußeren Kämpfe darf weichen. In der Einheit existiert kein Karma. Dieses Karma wird denen erlassen, die Einlass erhalten in das Paradies der Einheit, zu dem wir alle zurückkehren. Denjenigen, denen der hohe Engel Gottes noch keinen Eintritt gewährt, sei gesagt, dass auch sie nach und nach Einlass erhalten werden; dann nämlich, wenn sie den Weg der Einheit weiter gehen, ihre inneren Kämpfe beenden und zum höchsten Wohle aller wirken und dies auch möchten. Denn dies ist eine Voraussetzung; in der Einheit existiert kein Ego, kein Gedanke des Profits, der Übervorteilung, des Ungleichgewichtes, das in uns bislang auch zu den äußeren Ungleichgewichten geführt hat. Die Dunkelheit, sie ist die eigentliche Illusion, die nun weicht, und die wir bewusst loslassen dürfen.

All denjenigen, die in dieser Seelenreise die Heilung durch die Bewusstheit um ihre Einheit, um ihre tiefe Verbindung mit Gott und Allem was ist, erfahren, sei gesagt, dass nun andere Dinge möglich werden, die bislang als Wunder galten. Von der Levitation bis zu kompletten Heilungen von Krankheiten reichen die Gleichgewichte, die sich wiederherstellen lassen in und durch die Einheit und das hohe Einheitsbewusstsein. Da Avalon ein solches Portal ist, ist Avalon nichts anderes als die Rückkehr in das Paradies der Einheit, und auch in anderen Mysterienschulen ist dies das Ziel, in diesen Himmel des Bewusstseins zu gelangen.

Eine Fantasiereise zur Einheit in mir selbst

Ich bin in einer völlig mit sich im Einklang befindlichen Umgebung. Die Natur, die ich so deutlich spüre, die ich wahrnehme über meine Nase, über meine Haut, über meinen Körper, verstärkt mein Eins-Sein mit Allem was ist.

Eine Wiese ist vor mir, sie ist übersät mit blühenden Blumen in allen erdenklichen Farben und Schattierungen des Regenbogens. Ich rieche ihren betörenden Duft, er durchströmt mich und öffnet mich für das Kommende.

Ich fange an, über die Wiese zu laufen. Meine Schuhe trage ich in der Hand, ich spüre das Gras unter meinen Füßen, nehme war, wie es unter dem Gewicht meiner Schritte leicht federnd wieder in seine Ausgangslage zurückkehrt. So kehre auch ich zurück, nachdem ich mich all die Jahre verbogen habe.

Federnd leicht wird mein Schritt, und mit jedem Vorwärtsgehen fällt ein Teil meiner Last ab. Sie bleibt einfach liegen bis sie von einem Engel hinfort getragen wird. Er sammelt die schweren Teile ein. Leicht und sanft gehe ich weiter. Ein Schreiten durch ein Meer von Blumen, das wie für mich gemacht wurde. Lieblicher Duft, Zier für die Augen, ich spüre beim Schreiten wie Blüten mich sanft streicheln. Einige berühre ich während ich gehe. Sie fühlen sich sanft und zart an. Blätter, die zu einer größeren Einheit gehören, die so leuchtend ist, dass ich sie als Ganzheit wahrnehme in der Vielheit. Das gesamte Blumenmeer stellt sich mit einem male als ein Ganzes dar. Es ist, wie ich auch: ein Teil der Schöpfung. Ich fühle, wie mich das Meer förmlich aufnimmt, wie ich mich wiegenden Schrittes als Teil dieser Pflanzen wahrnehme. Ein Meer aus Blumen, in dem ich schwimme, um mich mit dem Duft, den Farben und der Sanftheit der Blüten zu vereinigen. Ich bin.

Ich bin an einer Stelle angelangt, die mir sehr bekannt vorkommt. Es ist eine alte Ruine, eine Festung, eine Burg. Nur Trümmer und Reste sind übrig, zeugen von alten Kämpfen und den Spuren der

Verwitterung. In den Trümmern ist kein Leben. Ich spüre, wie ich einst in dieser Ruine mein Dasein gefristet habe. Nicht alles war schön, weder in diesem noch in anderen Leben. Mal Blumen, mal Festung, mal Kampf, mal Friede und innerer und äußerer Einklang. Diese alte Festung verwandelt sich, als ich beginne über das Alte nachzudenken. Stein für Stein löst sich auf, beginnt zu verschwimmen, beginnt an Festigkeit zu verlieren. Fast habe ich den Eindruck, als würden die Steine weich werden wie Butter in der Sonne. Kein Zweifel – hier hat ein Engel sein Licht scheinen lassen und damit die Steine zum Weichen gebracht. In mir wird es warm, wie ein warmer Sommerregen umströmt mich das Licht dieses hohen Engels.

Sein Licht ist hell und klar, warm und zart, sehr berührend. Es umfängt mich und alle meine Sinne dürfen sein Licht in sich aufnehmen. Ich atme dieses Licht, ich fühle diese Wärme, ich spüre ein Vibrieren – ich bin frei.

Diese Freiheit wird mir durch das Licht dieses Engels so deutlich in meinen Körper gelegt, dass ich gar nicht mehr bemerke: es gibt keine Ruine mehr. Ich befinde mich in einem mächtigen Dom, einem Kristall-Palast. In der Mitte des Palastes steht ein Thron. Er ist noch leer. Ganz vorsichtig nähere ich mich diesem Thron – er kommt mir sehr bekannt vor: es ist mein eigener. Lange Zeit habe ich ihn nicht richtig bewohnen, nicht richtig in Besitzt nehmen können. Er wird mir nun präsentiert als mein Zuhause. Es fühlt sich so gut an, an diesem Ort zu sein, tief im Innern meiner Seele ist er präsent. Meine Seele möchte auf diesen Thron, möchte zurück an den Tisch der Einheit mit den anderen Seelen, möchte mit der eigenen göttlichen Energie wirken von diesem Thron aus.

Ich setze mich auf den Thron und wieder tritt der hohe Engel zu mir. Er sagt mir etwas. Leise lausche ich seiner Stimme. Ich nehme wahr, was er möchte und was er mir für eine Botschaft geben will. Ehrfürchtig bedanke ich mich bei dem Engel für seine Barmherzigkeit. Sie durchströmt mich wieder und ich nehme wahr, wie der Engel mir nun zeigt, wie sich meine Zukunft in der Einheit gestaltet.

Mit allen Sinnen bin ich in dieser meiner Zukunft im Licht, in der Einheit. Ganz genau nehme ich wahr, wie es sich anfühlt, ganz Schöpfer zu sein – seiner Welt, und der seiner näheren Umgebung. Schöpfer bin ich, wenn ich mir ganz erlaube, das Alte, die alten Gefühle loszulassen; es sind Gefühle der Trennung, die ich nun dem Engel übergeben darf. Erneut spüre ich die Erleichterung, die ich zu Beginn meiner Reise wahrgenommen habe.

Es öffnet sich ein Portal. Durch dieses Portal dringen tiefer innerer Frieden, tiefe innere Gelassenheit und Ruhe zu mir. Ich bitte Gott um Erlaubnis folgendes sagen zu dürfen: *Ich bin der Klang der Stille.*

Ich spüre, dass Gott alles zum höchsten Wohle aller fügt, ich bitte auch noch einmal darum. Dann wiederhole ich diesen Satz: Ich bin der Klang der Stille. Ganz langsam offenbart sich mir die Wahrheit dieser Worte, denn so ist es. Ich bin Schöpferin und Schöpfer meiner Welt. Und als ein solcher verlasse ich diesen Ort der Einheit wieder, zu dem ich zu jederzeit zurückkehren darf. Denn in Wahrheit war und bin ich nie getrennt davon. All die Dinge, die ich in der Trennung schöpfte, haben keinen Wert. Ich erkenne die Tiefe dieser Worte, denn ich bin.

Nun gehe ich langsam wieder aus dem Palast über die Blumenwiese an den Ausgangspunkt meiner Reise zurück. Gelassenheit erfüllt mich in meinem neuen Bewusstsein als Schöpfer/in. Ich spüre, wie mich dieses Bewusstsein, das ich bin, durchströmt, wie es alle meine Sinne, meine ganze Existenz umfasst und bereichert, wie es mich umfängt und mir in der Nase kitzelt. Dieses neue, erhabene Gefühl, das so liebevoll ist, nehme ich mit von dieser Reise. Eine Reise zu mir selbst, zurück in die Einheit, aus der ich stamme.

Die eigentliche Illusion ist die Dunkelheit. Diese lösen wir auf, und im Zuge dieses Auflösungsprozesses, den wir Aufstieg nennen, ergibt sich folgendes Bild: Erzengel Luzifer hält für jede Seele Erlösung von ihrem Karma bereit, das sie bei ihrem „Abstieg" und in den Experimenten mit der Dunkelheit erzeugt hat.

In der Einheit stellen wir uns nicht die Frage, die wir uns in der Dualität häufig stellen: die Frage nach dem Sinn. Er existiert in Gott, denn dieser Sinn ist das Leben, das Erleben selbst. Gott ist. Wenn wir erkennen, dass wir sind, erkennen wir, dass wahre Schöpferkraft durch uns hindurchfließt und dass wir wirken können zum höchsten Wohle aller. Ich bin.

Die heiligen Geometrien

Die heiligen Geometrien bewirken in dieser Zeit eine Rückkehr in das Einheitsbewusstsein, denn in diesem Einheitsbewusstsein existieren die vollkommenen Formen der göttlichen Schöpferkräfte als ein Geschenk, das es ermöglicht, unsere Prozesse zu unterstützen. Der Erzengel Metatron, der diese Geometrien erschuf, ermöglicht dem Fortgeschrittenen, seine Schöpferkräfte wieder in Empfang zu nehmen. Diese Geometrien dürfen in der neuen Zeit wieder durch uns zum Einsatz gebracht werden. Dennoch gilt: sie sind nur auf der Ebene der Dualität existent. Aus einer Perspektive des schöpfenden Gottes gibt es nur Licht. Das heißt, dass alle Formen einem bestimmten Zwecke dienen – nämlich des Erlebens der materiellen Existenz. Diese Formen sind energetisch und insofern stellen die heiligen geometrischen Formen Energien dar, die sehr hoch schwingen.

Um den Rückweg anzutreten, dürfen wir Erzengel Metatron um Unterstützung bitten. Zum Beispiel mit folgender Affirmation:

Ich bitte Dich, Erzengel Metatron, mich mit der Merkaba meines Lichtkörpers stärker zu verbinden.
Möge Gott Vater-Mutters Wille geschehen.
Ich bitte, dass alles zum höchsten Wohle aller gefügt wird.
Bitte Gott Vater-Mutter, erlaube mir, die heiligen Geometrien als ein Geschenk zu begreifen, das mich an mein Bewusstsein im Licht erinnert.
Bitte offenbare mir die Geheimnisse des Würfels des Lebens, des

Würfels Metatrons.
Möge Dein Wille geschehen, nicht meiner.
Ich danke Dir aus tiefstem Herzen.

Die Formen, die der Erzengel Metatron schuf, um die Erlebnisse auf dieser Welt zu codieren in der hohen Schwingung des Metatronischen Würfels, dienen dem Erwachen. Sie ermöglichen, die eigene Existenz zu reflektieren im Lichte der Einheit, die wir sind. Die Formen wirken auf energetische Ungleichgewichte und beinhalten eine Lernaufgabe: die Formen zu verstehen und anzuwenden bedeutet, sich der Schöpferkräfte bewusst zu werden und sie in der Welt der Erscheinungen zum Einsatz zu bringen. Wir „üben".

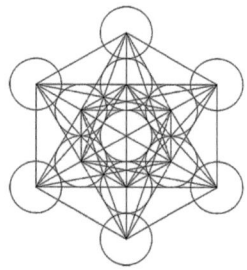 

In einigen Internetforen gibt es sowohl zu der Blume des Lebens als auch zu anderen Schwingungssymbolen Botschaften, die eher Angst schüren.

Dies ist immer dann der Fall, sobald spirituelles Wissen nicht in seiner reinen Form vermittelt wird. In seiner reinen Form bedeutet spirituelles Wissen, hohe Fähigkeiten zu erlangen – auch durch Einweihungen. Diese können zum Beispiel durch niedrigere Schwingungen gestört werden. Darum ist es stets wichtig, sich selbst „zu klären". In seinem Herzen spürt man stets die Resonanz zu einer Einweihung oder einem sonstigen spirituellen Weg.

Darum bedeutet es, sobald wir spüren, dass Blockaden in unserem Feld – auch im Zuge der Beschäftigung mit spirituellen Symbolen (derer es im Grunde nicht viele gibt) – auftreten, dass wir in uns selbst noch nicht geklärt sind.

Wenn wir die Blume des Lebens in uns selbst zum Leuchten bringen möchten, so ist dies durch die Gnade Gottes möglich. Es kann sein, dass dies Schritt für Schritt geschieht. Denn im Zuge unseres Experiments mit der Dunkelheit haben wir alle Blockaden und verzerrte Energien in unseren Lichtkörpern gespeichert.

Diese treten nun vermehrt ans Licht: um gelöst zu werden, nicht damit wir uns vor ihnen fürchten.

Die Seelen möchten klären, was ungeklärt ist. Denn dann werden die wahren Wunder möglich, die es beinhalten, uns unserem höchsten Licht zuzuwenden, und es in die Welt zu bringen.

Vor allem alte Verzerrungen aus früheren Leben sollten erlöst werden. Dies kann heute sehr zügig geschehen. Entweder durch Einweihungen oder die Konsultation eines geistigen Heilers. Denn die Verantwortung dafür liegt in der Person, die spirituell wachsen möchte. Für alles ist gesorgt – für einen guten und liebevollen Aufstieg in das Licht, das wir sind.

Bitte höre stets auf die innere Stimme, auf die Seele – sie kennt den Weg.

Um noch einmal deutlich auf die „Gefahren" hinzuweisen, die einige sehen in der Beschäftigung mit spirituellem Wissen: die Hintergründe unserer Blockaden – und unserer „Dunkelheit", die dann auch als verzerrte Energie wieder wahrgenommen werden kann, liegen nicht in diesem Leben. Sie haben viele Hintergründe aus früheren Inkarnationen und sollte nicht ignoriert werden, denn ohne das Wissen um die Inkarnationen wird der Weg zurück nicht möglich sein. Unwissenheit kann in dem Fall auch unnötige Ängste auslösen.

Damit der Aufstieg bei einer steigenden Zahl von spirituell erwachten Menschen auch geschehen kann, ist es sehr wichtig, zunächst auf sein Herz zu hören. Ist eine Information stimmig, schwingt in ihr die liebevolle Energie der Seele? Macht eine Botschaft Angst, ist in ihr eine verzerrte Sicht wahrzunehmen? Hat diese Sicht selbst mit dem Glauben an negative Energien zu tun? Alles kann im Herzen und mithilfe Gottes erlöst werden – dazu dient der Aufstieg. Er soll bewusst gegangen werden.

Damit dies in der kommenden Zeit stärker als bislang geschehen kann, hat Gott uns ein Geschenk gemacht, das die verzerrten Energien wieder verstärkt in das Einheitsbewusstsein rücken lässt.

Es nennt sich Herzensöffnung. Diese wird immer mehr Menschen begegnen als ein sich öffnen von Schlössern – wie ein Siegel, das plötzlich gesprengt wird, wird das Herzchakra von einer schweren Last gelöst und wir werden in uns selbst das Mitgefühl Gottes wahrnehmen können, das uns aufsteigen lässt.

Die Herzensschwingung, die als Information in den Erdkristall eingespeichert wurde und nunmehr verstärkt die Herzen der Menschen öffnen wird, ist so hoch, dass sie uns erlaubt, durch alle Verzerrungen hindurch die Liebe Gottes in uns selbst zu spüren.

Damit ist sichergestellt, dass wir den Weg unserer Seele gehen, denn diese wird von Gott zu ihrem hohen Bewusstsein zurückgeführt.

Alle Ängste bezüglich spirituellen Wissens, die zum Teil aus früheren Inkarnationen stammen, in denen der Besitz oder die Anwendung hohen spirituellen Wissens unter Strafe stand oder missbraucht wurde, diese Resonanzen werden sich in uns auflösen dürfen.

Wir halten nicht mehr fest am Alten sondern blicken auf das neue Schwingungsfeld der Erde; es ist eine hohe Energie der Liebe und des Liebesbewusstseins, das wahrhaft göttlich ist.

Wer bereit dazu ist, kann Gott nun bitten, ihm dieses Liebesbewusstsein zu offenbaren – als ein Schwingungsfeld unseres Herzens.

Dazu sprechen wir:

Gott Vater-Mutter, bitte zeige mir mein hohes Schwingungsfeld der Liebe, aus dem ich stamme und in das ich zurückkehren möchte.
Bitte offenbare mir die Schwingung der Blume des Lebens aufs Neue, damit ich sie anwenden darf.
Bitte erlöse alle Blockaden, die in Beziehung mit dieser, meiner Blume des Lebens stehen.
Möge Dein Wille geschehen und nicht meiner.
Ich danke Dir von Herzen.

Die heiligen Geometrien, die durch den Erzengel Metatron gesegnete Informationen enthalten, können durch Meditation „empfangen" werden.

Die Bitte um die Offenbarung der heiligen Geometrien durch den Erzengel Metatron beinhaltet ein tiefes Wissen um die Zusammenhänge des Lebens.

Die Blume des Lebens, die perfekte geometrische Anordnungen erzeugt – und damit Energien in das Gleichgewicht zurückführen kann, die im Ungleichgewicht sind, ist eine mehrdimensionale Form.

Das Muster der Blume des Lebens ist eine mehrdimensionale, sozusagen kugelförmige, ineinander geschachtelte Einheit, die eine Ausdehnung besitzt, die nicht in den engen Radius der Darstellung als 2-dimensionales Muster passt. Durch die Vorstellung als unendlich ausgedehntes Schwingungsfeld, gewinnen wir eine energetische Frequenz, die uns fortan zur Verfügung stehen kann, wenn wir darum liebevoll bitten.

Der Würfel Metatrons sollte äquivalent als mehrdimensionales Objekt wahrgenommen werden – z. B., indem wir die Würfelform als „dreidimensionale" erkennen und die darin enthaltenen Dreiecke, Dodekaeder und weiteren pyramidalen Formen und Zusammensetzungen inklusive der Frucht des Lebens (den kugelförmigen Einheiten, die an den Ecken des Würfels angeordnet sind) ebenso in ihrer räumlichen Tiefe wahrnehmen.

Dann erst erschließen sich die Formen als energetische, und wir können sie zur Anwendung bringen, sobald wir die Erlaubnis dazu haben.

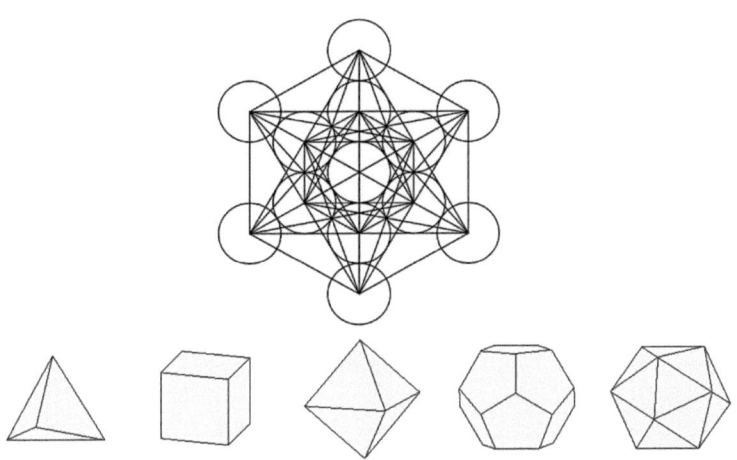

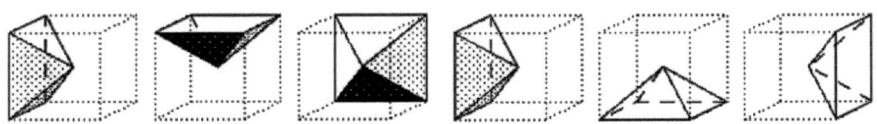

Die Darstellungen dienen zur Unterstützung für die Vorstellung der verschiedenen Formen, die der Würfel Metatrons enthält. Zu je verschiedenen Anlässen sind wir fähig, die passende Form zur Anwendung zu bringen. Wer die Kabbala kennt, weiß, dass auch der Baum des Lebens eine geometrische Form besitzt. Die verschiedenen Aspekte des Baumes des Lebens sind verschiedenen Erzengelkräften zugeordnet, wobei der Erzengel Metatron den Sephirot Kether, die Krone des Baums bildet. Dies heißt, dass die verschiedenen Engel jeweils unterschiedliche Energien repräsentieren, die verschiedene Aspekte unseres Lebens in dieser Welt spiegeln.

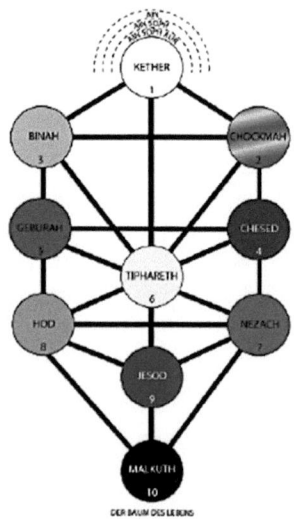

DER BAUM DES LEBENS

Um genauer zu verstehen, was damit gemeint ist, gilt es zunächst zu begreifen, dass diese Engelkräfte in der Zeit der Trennung von unserem hohen Bewusstsein, der Unterstützung bei der Bewältigung unserer Aufgaben dienten und dienen. Diese unterstützende Funktion, die uns beispielsweise richtungsweisende Energien zur Verfügung stellt, wird in der neuen Zeit etwas anders wirken, denn die Aspekte des Baumes, der lange Zeit nicht in der Einheit war, ist zurückgekehrt in diese Einheit, die in Avalon ist.

Um wieder uns selbst in die Einheit unseres Bewusstseins zu rücken, können wir die Erzengel um Unterstützung bitten – zum Beispiel, indem wir neben der Meditation über die heiligen Geometrien darum bitten, dass unsere Wahrnehmung wieder in die Einheit rückt.

Der Erzengel Raziel, der uns bei unserer spirituellen Wahrnehmung unterstützt, sollte aus diesem Grunde in den Prozess mit einbezogen werden.

Alles ist in Allem – durch folgende Affirmation bittest Du nun um die Wiederherstellung Deiner vollständigen spirituellen Wahrnehmung, die durch die Ungleichgewichte, die uns in vielen Leben trennten von einer unverzerrten, göttlichen Wahrnehmung, aus der Einheit gerückt wurde.

Erzengel Raziel, ich bitte Dich, meine spirituelle Wahrnehmung wieder in ihren ursprünglichen Zustand der reinen, klaren Sicht zu versetzen.
Bitte Erzengel Raziel, unterstütze mich hierbei.
Dein Wille geschehe, geliebter Erzengel.
So sei es.
Ich bitte auch Gott Vater-Mutter um Erlaubnis, wieder meine unverstellte Wahrnehmung einsetzen zu dürfen, zum höchsten Wohle aller.

Um ganz zu verstehen, dass dieser Prozess sehr umfassend ist, möchte Gott, dass alles in der Reihenfolge geschieht, wie es Deinem höchsten Wohle dient. Es kann sein, dass Du nach dieser Affirmation spürst, dass zahlreiche Themen, die Deine ganz alltägliche Wahrnehmung betreffen, an die Oberfläche der Aufmerksamkeit gelangen. Dies ist gewollt. Es dient dem tieferen Verständnis Deiner zersplitterten Wahrnehmung, die in der Einheit wieder zu einem leuchtenden Kristall zusammenwächst.

Die Inkarnationen, die dem tieferen Verständnis der Trennung von unserem hohen Bewusstsein dienlich waren, bildeten einen

Zyklus, der nunmehr beendet wird. In Zivilisationen, wie dem sagenumwobenen Atlantis, waren einige von uns als Menschen inkarniert, die hohe Fähigkeiten besaßen, wie wir sie heute wieder in die Welt bringen dürfen. Um das Karma, das wir mit dem „Abstieg" dabei einst erzeugt haben, zu erlösen, können wir Gott um Vergebung bitten. Damit stellen wir unseren einstigen „Abstieg" in das Licht eines größeren Zusammenhangs, der sich nun vielen aufs Neue erschließt. Die alte Welt ist zu Ende.

Bitte Gott Vater-Mutter, vergib mir das Karma, das ich einst erzeugte, als ich „abstieg" in das Experiment mit der Dunkelheit.
Bitte vergib mir das Karma aus Atlantis, das ich nun lösen darf.
Bitte erlaube mir, meine atlantischen Kristalle wieder in Empfang zu nehmen, die nun in Empfang genommen werden dürfen.
Bitte stelle diese in meinen Lichtkörpern wieder her.
Bitte erlaube mir, wieder zum höchsten Wohle aller zu wirken in dieser neuen Zeit.
Ich danke Dir von ganzem Herzen.
Möge Dein Wille geschehen, so sei es.

Wenn Du über die Zeit von Atlantis mehr Wissen erwerben möchtest, empfehle ich Dir, nach Deiner Rolle in Atlantis zu channeln. Bitte Gott Vater-Mutter, Dir zu offenbaren, welche Rolle Atlantis einst spielte, und welche Rolle Du in diesem Atlantis gespielt hast – bitte darum, dass die Informationen kommen dürfen, die Dir jetzt nützlich sind.

Gott Vater-Mutter, von Herzen Danke ich Dir für Deine Unterstützung auf meinem Weg zurück in die Einheit meines hohen Bewusstseins.
Ich bitte Dich auch, mich dabei zu führen, die Fähigkeiten wieder einsetzen zu dürfen, die meinem und dem höchsten Wohle aller dienen.

In der neuen Zeit wirken wir gemeinsam an den Prozessen des Aufstiegs und an einer Gemeinschaft der Seelen. Wir unterstützen uns, also unterstützt Gott sich in uns und den anderen. Er vergibt „Schuld" und karmische Verstrickungen – und erlaubt zahlreiche Prozesse, die uns zurück bringen in das Einheitsbewusstsein und in unsere Schöpferkräfte.

Im Folgenden möchte ich Informationen zur Verfügung stellen, die dem weiteren Weg dienen. Darin geht es vor allem um die Rollen, die wir in der neuen Zeit einnehmen und durch die sich Gott in uns ausdrückt.

Das Neue an der Zeit ist vor allem die große Bewusstheit, mit der wir wirken und durch die sich eine veränderte Realität, ein veränderter Alltag und ein neues Zusammenwirken der seelischen Kräfte ergibt. Wir sind ein Team. Dies gilt für alle Menschen. Wenn dies zunächst noch wie ein Traum klingt, bemerken diejenigen, die gehen, dass sie Gleichgesinnte treffen und oft auch mit diesen gemeinschaftlich wirken in Heilarbeiten oder anderen Belangen.

Wenn wir weiter fortschreiten und beispielsweise Fähigkeiten wie Hellsehen, Hellfühlen und –hören wieder verstärkt in uns wahrnehmen, ergibt sich ein neues Lebensgefühl. Es ist geprägt durch die Annahme sowohl der eigenen Person als auch der anderen Menschen. Mehr und mehr fallen unsere Bewertungen weg. Wir nehmen wahr.

Diese Wahrnehmung wird sich durch den Weg weiter verstärken und sensibler werden. Telepathische Fähigkeiten werden sich etablieren. Die Menschen werden wieder miteinander wirken und für Ausgleich sorgen – dies heißt, dass auch das Ungleichgewicht, das in unserem System des Wirtschaftens vorhanden ist, in einer globalen Weise sich verändern wird, und das damit verbundene Karma erlöst werden kann.

Wir wirken dann wieder in unserem Schöpferbewusstsein, und in diesem gibt es kein Ungleichgewicht. Im Folgenden wird der Weg beschrieben, wie er durch das hohe Einheitsbewusstsein beschritten werden kann. Dies meint, dass Energien durch hohe

Prozesse frei werden können, die erst „gehalten" werden müssen. Dies erfordert bereits ein fortgeschrittenes Erleben des spirituellen Weges.

Damit auch diejenigen profitieren, die vielleicht am Anfang ihres Weges sind, hat Gott erlaubt, das Folgende als eine Hilfestellung zu veröffentlichen. Somit wird sichergestellt, dass die hohen Energien nicht zu einem Zeitpunkt integriert werden, der verfrüht wäre. Alles folgt einem Plan.

Ich bin

Unser Höheres Selbst, das eine Schwingung besitzt, die sehr nah am göttlichen Ursprung ist, stellt die Instanz in uns dar, die durch die Anrufung der Ich bin Präsenz einen energetischen Widerhall in uns hervorruft. Gott ist.

Ich bin.
Ich bin Licht.
Ich bin das Höhere Selbst.
Ich bin die Seele.
Ich bin göttlich.
Ich bin Mitschöpfer mit Gott.
Ich bin das göttlich weibliche.
Ich bin das göttlich männliche.
Ich bin die Monade.

Diese Anrufung erzeugt eine hohe Resonanz, die in uns Blockaden in den sogenannten höheren Chakren löst. Dies stellt einen energetisch intensiven Vorgang dar, der auch dazu führen kann, dass karmische Aspekte in uns zum Vorschein kommen.
Dabei ist es wichtig, stets Gott um Unterstützung zu bitten. Eine weitere Affirmation kann daher lauten:

Ich bitte Dich, Gott Vater-Mutter, hilf mir bei der Integration meiner hohen Anteile.
Bitte führe mich.

Es ist wichtig, diese Bitte um Führung einmal in der Herzens-schwingung der Einheit auszusprechen. Dazu „begebe" ich mich zu der Instanz in mir, die reines göttliches Bewusstsein ist. Dies erreiche ich, indem ich wiederum Gott bitte, mir den Weg dort-hin zu offenbaren. Dieser Weg ist ein Weg, der durch zahlreiche gnadenvolle Energien der göttlichen Quelle in uns gesegnet ist. Darum ist es Gott, der in uns und durch uns wirkt, wichtig, dass dieser Vorgang der Integration der höchsten Anteile zu einem Zeitpunkt erfolgt, der durch ein hohes Maß an Hingabe und durch die schrittweise Integration der Seelenteile vorbereitet wurde.

Du bittest Gott Vater-Mutter, in dem Du sprichst:

Gott Vater-Mutter, bitte erlaube mir die Gnade der Rückkehr n mein hohes Bewusstsein der Einheit aus der ich stamme.
Bitte erlaube mir, dass sich in mir die göttliche Einheit wieder in-tegriert und von nun an durch mich in der Welt wirken darf.
Bitte erlaube mir, den Aufstieg in mein Hohes Selbst nun zu be-ginnen und lenke Du.
Ich danke Dir Gott Vater-Mutter von Herzen.

Dieser Aufstieg der Integration in die eigenen höheren Anteile kann unter Umständen einen längeren Zeitraum umfassen, der durch weitere Bewusstseinsschritte und Erkenntnisse begleitet wird. Dabei spielt es eine Rolle, dass die Instanz der Seele „ge-trennt" war in der langen Zeit der „Dunkelheit" unseres Bewusst-seins. Darum ist es wichtig, die Seelenanteile, die sich dabei „ab-gespaltet" haben, wieder voll zu integrieren. Diese Integration geschieht im Zuge des Aufstiegsprozesses und kann durch die Bitte um eine Beschleunigung verstärkt geschehen. Die Gnade Gottes erlaubt einen zügigen Rückweg.

Eine passende Affirmation kann daher lauten:

Bitte Gott Vater-Mutter, erlaube mir, meine Seelenanteile wieder voll zu integrieren.

Bitte zeige mir die verletzten Anteile, die angeschaut und geheilt werden möchten.
Bitte erlaube mir diese Anteile liebevoll wieder in mein Licht, das ich bin zu integrieren.
Ich danke Dir von Herzen.

Gott ist. In ihm gibt es keine Trennung oder Abspaltung – und mit jedem Schritt aus dem unbewussten Sein, verlassen wir eine Illusion, die diese Trennung in Wahrheit ist. Ein Erwachen setzt ein, das es uns ermöglicht, unsere verletzten Anteile in der Reihenfolge und in dem Tempo zu integrieren, die und das Gott vorsieht.

Verletzte Anteile der Seele sind beispielsweise Innere Kinder. Sie sind in uns als verletzte Anteile oder als schon geheilte existent. Jede Abspaltung, die wir einst aus Schutzgründen oder aus Angst vornahmen, kann rückgängig gemacht werden.

Dazu bitten wir Gott, uns die verletzten inneren Anteile des Kindes zu offenbaren, das wir sind und waren. Dies kann sich auch auf frühere Leben beziehen, in denen die Anteile so schwer verletzt wurden, dass sie auch in dieses Leben Konsequenzen hineintragen.

Gott Vater-Mutter, ich bitte Dich, zeige mir und heile meine verletzten Anteile des inneren Kindes.
Bitte erlaube mir Schritt für Schritt diese Anteile anzuschauen, zu heilen und wieder zu integrieren zu dem Kind aus der Einheit, dem göttlichen Kind des Lichts.
Ich bitte Dich, leite Du diesen Prozess der Heilwerdung meines inneren Kindes.
Ich danke Dir von ganzem Herzen.

Zu dem inneren Kind gibt es zahlreiche Literatur und auch geführte Meditationen, die sehr heilsam sein können. An dieser Stelle ist es wichtig zu verstehen, dass diese inneren verletzten Anteile aus jedem Alter wieder zu uns zurückkehren dürfen. Dies ist oft ein sehr berührender Prozess, der mit einem Glücksgefühl verbunden ist. Denn die inneren Kinder, das göttliche Kind in uns, war und ist nie wirklich verletzt. Es ist unverwundbar und existiert in der Einheit unseres Bewusstseins. Unser Höheres Selbst enthält diesen unverletzlichen Teil des göttlichen inneren Kindes, das sich wieder in dieser Welt zum Ausdruck bringen möchte. Die Seele, die Verletzungen erleben kann, kann diesen Teil wieder integrieren, wenn sie aufsteigt, wenn sie sich mit ihrem unverletzlichen Teil zurück verbindet; und so stellt auch dies einen intensiven Prozess der Rückkehr und Hinwendung zum inneren Weg dar.

Das Höhere Selbst beinhaltet unsere Essenz, die es gilt in der neuen Zeit wieder in die Welt zu bringen. Alle Schatten, die wir auf der Instanz der Trennung von diesem göttlichen Selbst in uns erzeugten, haben eine Resonanz in der Welt. Außen wie Innen – unserer inneren Kämpfe erlöschen und die Trennungen lösen sich ebenso in der Welt der Erscheinungen auf. Die Schatten in uns, die die Seele oft tief in die Dunkelheit hinabstiegen ließen, werden durchlichtet in dieser Zeit. Das Höhere Selbst löst hierbei die Trennungen zunächst zwischen der Seele und sich selbst auf.

Darum bittest Du:

Gott Vater-Mutter, ich bitte Dich, löse alle Verletzungen zwischen der Instanz meiner Seele und der Instanz meines Höheren Selbstes.
Bitte entscheide Du, wann dies geschehen darf.
Bitte erlaube mir, die hohe Instanz meines Höheren Selbstes wieder bewohnen zu dürfen.
Dies ist meine Heimstatt.
Ich bin.

Es ist wichtig, diese hohen Prozesse ganz dem göttlichen Plan zu überlassen, denn Gott kennt den Rückweg und weiß wann der Zeitpunkt hierfür gekommen ist. Die Energien des Höheren Selbstes sind enorm. Schöpferkräfte, die durch uns dann wieder wirken dürfen, wenn wir unsere Schatten in uns erlöst haben, werden diese Welt verändern. Dann wirken wir aus dem Bewusstsein des schöpfenden Gottes heraus, der nur aus Liebe schöpft und kreiert. Kein Umstand, der uns aus der Perspektive der Seele Sorgen oder Kummer bereitet hat, existiert aus der Perspektive des Höheren Selbstes. Für diese Instanz gibt es keine Trennung, gibt es kein Leid, keine Angst und keine Sorgen, denn diese sind Ausdruck einer verzerrten inneren Wahrnehmung, die im Zuge des Aufstiegsprozesses wieder in ein Gleichgewicht gebracht wird.

Unsere Schattenanteile, die in uns als Illusionen der Trennung existiert haben, lösen sich dann auf. Um diesen Vorgang zu unterstützen, bittest Du Gott Vater-Mutter um die Auflösung der Schatten in Dir.

Wie in einem Verließ sinken die Schatten der vergangenen und dieses Lebens in uns hinab und wollen erlöst werden. Diese Schatten sind zum Beispiel Ängste, die wir haben. Sie gehören zu der Kategorie der Schatten, die sehr wirkungsmächtig sein können, weil sie uns an ein bestimmtes Verhalten binden. Dieses erlösen wir in uns durch liebevolle Annahme.

Ich bitte Dich, Gott Vater-Mutter, erlaube mir, meine Schatten anzuschauen und in der Reihenfolge zu erlösen, die meinem höchsten Wohle dient.
Bitte erlaube mir, diese Schatten in mir zu erlösen, die mich binden.
Bitte erlaube, dass die Schatten wieder in das Licht der Einheit rücken, die sich hinter meinem Rücken befinden.
Bitte erlaube, dass die Schatten gelüftet werden, die mich an alte Versprechen, Verabredungen und Gelübde binden, die meinem Licht nicht mehr dienen.
Bitte erlaube, dass die Illusionen, die mich trennten von nun an als die Schatten erkannt werden, die sie sind: sie sind illusionäre Verbindungen mit der Dunkelheit.
Bitte Gott Vater-Mutter, erlaube mir, alle Verträge mit der Dun-

kelheit zu lösen.
Dein Wille geschehe, Gott Vater-Mutter. So sei es.

Das Höhere Selbst besitzt keine Schatten, und es erlaubt uns durch die Bitte um Rückkehr und Verbindung mit diesem hohen Bewusstseinsanteil die Auflösung aller Schatten in uns. Es projiziert sein hohes Bewusstsein in die Instanz der Seele hinein und nimmt diese wieder auf. Ein sehr energetischer Vorgang, der auch eine längere Phase in Anspruch nehmen kann.

Das wichtige hierbei ist, es als das zu begreifen, was es ist: Ein Geschenk Gottes an sich selbst, der sich aus der Dunkelheit und dem damit verbundenen Erleben der Trennung zurückholt. Schöpferbewusstsein bedeutet, Kenntnis zu erlangen von der eigenen göttlichen Existenz. Diese ist so umfänglich und liebevoll, dass sie gar nicht anders kann als aus Liebe zu schöpfen und zu gestalten, denn das tut sie immer, auch wenn wir dies vielleicht noch nicht wahrnehmen. Gott schöpft immer. Darum ist es so wichtig, dieses göttliche Bewusstsein wieder zu integrieren, damit sich in unsere Schöpfungen keine Dunkelheit mischen kann. Ansonsten kreierten wir das, was wir zur Genüge kennen und was uns so lange belastete und zu so großen Ungleichgewichten in der Welt geführt hat.

Die Instanz des Höheren Selbstes ist eine, die immer noch nicht die göttliche Quelle an sich ist. Denn die Höheren Selbste sind Instanzen, die bestimmten Erfahrungen dienen, die dieses Universum der Polaritäten betreffen. Sie sind Instanzen des Lernens, des Wachsens, des Schöpfens. Sie sind nicht bereits „fertig" sondern sammeln. Dieses sammeln bedeutet eine Trennung. Auch diese Trennung wird im Zuge des Aufstiegsprozesses transzendiert. Denn „dahinter" verbirgt sich die Instanz des Gottes, der dieses Universum geschaffen hat. Da Gott Unterteilungen macht, und alles Gott ist, hat Gott Vater-Mutter Gott gebeten, ein Universum der Polaritäten zu schaffen. In diesem Universum haben wir alle in zahlreichen Leben und auf zahlreichen Welten Erlebnisse gesammelt. Die Erschaffung dieses Universums durch den

Schöpfergott, der alle Eigenschaften von Gott Vater-Mutter in sich trägt, diente einst der Erkenntnis dieser Polarität. Auf vielen Ebenen können wir diese Polaritäten erleben. Hier auf der Erde zum Beispiel im Schwanken und Pendeln zwischen zwei Polen. Dies ist auf anderen Welten anders.

Polaritäten dienen der Erkenntnis der Einheit, denn das schöpferische Prinzip Gottes wirkt auf allen Ebenen des Seins in seinen verschiedensten Instanzen und Wirkungsweisen. Diese finden sich in diesem Universum repräsentiert – oftmals in wandelbarer Form und in Abhängigkeit von den Erfahrungen und Lernaufgaben, die ein Planetensystem bereit hält für die Seelen und Höheren Selbste.

Gott erlebt sich in uns. In seinen Unterscheidungen erlebt Gott Vater-Mutter, was es bedeutet, sich abzutrennen von dem hohen Bewusstsein, sich als nur in einer Sache stark zu erleben, sich schwach zu fühlen, sich glücklich zu fühlen in einem Körper. Keine Erfahrung, kein Erlebnis, das ein Mensch hier auf dieser Erde gemacht hat, war je umsonst. Alles diente und dient einem höheren Ziel der Erforschung der Polarität. Diese allerdings haben wir auf diesem Planeten so weit erforscht, wie es in diesem System geht. Bis fast zur völligen Vernichtung der Lebensgrundlagen hat sich dieses Experiment mit der Verdunkelung unseres Bewusstseins durch die Epochen gezogen. Dieses Experiment ist beendet. Es ist der Gnade Gottes zu verdanken, diese Schöpfungen, die wir in dieser Zeit getätigt haben, wieder rückgängig zu machen.

Dadurch steigt dieser Planet wieder zu dem Planeten auf, der einem andern Ziel dient – der Erforschung der Liebe. Diese Schwingung ist so hoch, dass sie alles andere zu sich hinaufziehen wird, alle Systeme, die hier existieren, alle Seelen, die hier sind. Alles rückt in die Einheit, in der nur Liebe ist. Die Polarität, die hier so lange in einer Weise erfahren wurde, die nun nicht mehr in dieser Weise erfahren werden kann, verändert sich dadurch. Sie wird erlebbar als ein Feld der Überwindung der Gegensätze und Trennungen. Dieses Ziel, das wir dann erreichen, wenn wir die hohen

Schöpferebenen in uns wieder in Empfang nehmen, führt zu einer veränderten Realität, die dieses Einheitsbewusstsein der Liebe spiegelt. Je mehr Menschen also den Weg in die Einheit ihres Bewusstseins gehen, desto größer wird dieser Frieden sein, der sich in der Welt manifestiert. Wir begreifen dann das Prinzip des Außen wie Innen, wenn wir uns klar machen, dass dieses Prinzip nicht nur dem Lernen dient sondern gar nicht anders sein kann. Ein liebendes Schöpferbewusstsein kann nur liebevolle Energien in die Welt senden und diese aus ihr empfangen. Es kann nur manifestieren, was diesem Bewusstsein der Liebe entspringt, und dies kann nur Liebe sein. Liebe trennt nicht, Liebe ist. So ist Gott.

Wenn wir Gott bitten, er möge uns dieses Bewusstsein offenbaren, in dem Tempo, wie es unserem höchsten Wohle dient, kann Gott durch uns, durch die Instanzen des Höheren Selbstes und der Seele hindurch, mit dem höchsten Bewusstsein in der Welt wirken und manifestieren.

Dieses Bewusstsein integrieren wir als „Fortgeschrittene". Es wird sich dann in uns manifestieren, sobald wir mit dem Höheren Selbst verschmolzen sind, unsere verletzten Anteile geheilt haben und bereits aus dem Einheitsbewusstsein heraus wirken in der Welt. Dieses Einheitsbewusstsein ist ein Geschenk, das wir zum Beispiel durch die hohen Energien von Avalon in uns integrieren können. Dies stellt eine Vorbereitung auf das Kommende dar.

Das Kommende wird durch eine Vielzahl neuer Möglichkeiten gekennzeichnet sein, die sich durch nie oder kaum gekannte Fähigkeiten ausdrücken werden. Levitation, die Fähigkeit, die Schwerkraft außer Kraft zu setzen und physisch zu fliegen, wird nicht nur unsere Vorstellung von der Welt verändern sondern auch Konsequenzen für unsere Art zu leben haben. In der Einheit gibt es keinen Mangel. Lichtnahrung wird Gang und Gäbe sein und manche Dinge überflüssig machen, die heute noch Ungleichgewichte in der Welt bewirken. Neue Antriebstechnologien und Energiesysteme, die Wärme und Strom liefern, werden diesen Planeten entlasten und viele Dinge und technischen Stützen überflüssig machen, die heute als „High-Tech" gelten.

Die Fähigkeiten der Menschen, telephatisch miteinander zu kommunizieren, wird soweit wachsen, dass wir keine Handys oder Telefone benötigen. Heute würden wir sagen, wir „channeln" mit jemandem. Da Zeit und Raum kein Rolle spielen in der Einheit, werden diese Botschaften dann gehört, wann sie gehört werden sollen. Dies ist bereits heut für diejenigen möglich, die ihr Bewusstsein wieder integriert haben. Diejenigen, die heute als Medien gelten, sind in Wirklichkeit Vorboten dieser Zeit, denn sie zeigen uns, was möglich ist und sein wird für alle, die gehen, und dies werden die allermeisten sein, denn dies Erlebnissystem ändert sich rapide.

Die Liebe der Seele wird Einzug halten in das Bewusstseinsfeld dieser neuen Erde, die dann so weit entwickelt ist, dass sie ebenso Kontakt mit anderen Kulturen auf entfernten Planeten aufnimmt, und dieser Austausch wird als ein Geschenk erlebt werden, denn er wird zu weiterem technologischen Fortschritt beitragen und zum Aufstieg eines ganzen Systems, das diese Erde und die ihr verbundenen Planeten sind.

Diese Galaxie wird leuchten, und so werden anderen Galaxien von dem Wissen um den Aufstieg profitieren. Denn dies ist das Ziel, das ganze Universum wird nach und nach zurückkehren in die Einheit und die Kämpfe werden aufhören. Diese Kämpfe, die Sternenkriege, die wir alle erlebt haben in unseren Inkarnationen, sie werden sich aufzulösen beginnen. Dies wird nicht von heute auf morgen geschehen, denn zum Teil sind Lernaufgaben in diesen Systemen noch nicht beendet. So wie der Abstieg in die Dunkelheit auf der Erde eine Erfahrung ermöglichte, die lange Zeit in Anspruch nahm, um voll erlebt zu werden, gibt es andere Systeme, die genauso „abgestiegen" sind, wie die Erde. Um das Karma mit den Sterneninkarnationen aufzulösen, sollten wir bereits ein hohes Bewusstsein integriert haben, denn dieses Karma kann nur durch hohe Energien bereinigt werden.

Wer dies liest, und dabei eine Resonanz verspürt, kann Gott bitten, nun diese Prozesse zum höchsten Wohle aller Beteiligten ablaufen zu lassen. Es sollte stets Gott um Hilfe gebeten werden, damit nur das gelöst und angeschaut wird, was ansteht.

Du bittest Gott, indem Du liebevoll affirmierst:

Gott Vater-Mutter, ich bitte Dich, lenke Du.
Bitte erlaube mir die karmische Klärung meiner galaktischen Inkarnationen, die nun angeschaut werden dürfen.
Ich bitte darum, dass alles zum höchsten Wohle aller gefügt wird.
Gott Vater-Mutter, ich bitte Dich, füge die karmische Klärung in einer Weise, wie ich sie verkrafte.
Bitte erlaube, dass sich nur die Dinge zeigen, die jetzt anstehen, und die für mich wichtig sind.
Bitte lenke Du.
So sei es.

Dieser Vorgang muss unter Umständen zu anderen Zeitpunkten wiederholt werden, so wie auch viele Aspekte, die in dem Buch erwähnt werden, unter verschiedenen Umständen wieder auftauchen können und erneut bearbeitet und erlöst werden möchten. Diese Vorgänge der Lösung sind sehr wichtig, da sie dazu beitragen, wieder unser volles Bewusstsein zu integrieren und alle Aspekte einbringen zu können in diese Welt. Gott lenkt und führt uns.

Die verschiedenen Leben und Inkarnationen in der Dunkelheit unseres Bewusstseins sollten uns keine Angst machen sondern als ein Geschenk des Wachsens und Lernens betrachtet werden. Wir vergeben uns selbst, wenn wir den Weg zurück gehen. Denn wir sind in Wahrheit stets göttlich geführt. In den Leben, in denen wir anderen geschadet haben, und damit uns selbst, haben wir ein schöpferisches Prinzip verletzt, das uns mit dem tiefen Wissen um die Einheit mit Allem was ist verbindet.

Diese Einheit ist so groß, dass keine Dunkelheit je Zutritt hatte oder haben wird. Alles was dort entstand, alles, was Gott nicht ist, ist in einem tiefen Sinne eine Illusion. Sie kann dennoch handlungsmächtig sein, wie wir immer noch in der Welt beobachten können. Diese Illusion dürfen wir im Zuge der Rückkehr in die Einheit als eine solche erkennen.

Um sie loszulassen, bittest Du Gott Vater-Mutter, die Einheit in Dir wieder herzustellen. Denn dabei wird die Dunkelheit als das erkannt, was sie ist: eine Illusion.

Gott Vater-Mutter, ich bitte Dich, offenbare mir die Einheit in mir.
Bitte lenke Du.
Bitte führe mich aus der Dunkelheit meines Bewusstseins.
Bitte erlaube mir sagen zu dürfen: Die Dunkelheit ist eine Illusion.
Die Dunkelheit ist eine Illusion.
Die Dunkelheit ist eine Illusion.
Möge Dein Wille geschehen, Gott Vater-Mutter, so sei es.
So ist es.
Ich danke Dir von Herzen.

Diese Prozesse werden nach und nach die Dunkelheit in uns auflösen und wir erkennen, dass wir Licht sind. Dieses Licht wird in der kommenden Zeit so hell durch uns leuchten, dass wir uns fragen werden, was uns getrieben hat in all den Jahren unseres Lebens hier in der Abtrennung.

Die meisten von uns, die noch nicht oder vielleicht erst einige Schritte gegangen sind, werden sich wundern, wie schnell die Polarität, die hier auf der Erde als ein Pendel erfahren wurde, vergehen wird. Sie löst sich in dem Maße auf, wie wir aus der Trennung von unserem Bewusstsein heraustreten. Aufstieg geht mit der Erkenntnis und dem tiefen Wissen um unsere Fähigkeiten und unsere Herkunft aus dem Lichte Gottes einher.
Wir sind Gott, denn Gott erlebt sich durch uns. Er erlebt alles mit uns, auch die nicht schönen Momente, die die Abtrennung ausgelöst hat.

Aufzuwachen bedeutet, sich dem inneren Licht, das wir sind, wieder bewusst zu werden. Unsere Rückkehr ist ein sanftes Erinnern, ein inneres Leuchten, das sich in uns ausbreitet und heller und stärker wird, je weiter wir fortschreiten. Es gibt den Aufstieg nur insoweit es die Trennung gab. Denn dieser Rückweg dient einem Erleben der Wiederaneignung unserer hohen Fähigkeiten.

Würden wir sofort „aufsteigen", hätten wir kein Alltagsleben mehr. Die Tiefe unseres Lebens und unserer Existenz speist sich aus der Erfahrung der Schritte, die wir machen. Diese Schritte können nicht übersprungen werden, es sei denn, wir überlassen Gott die Führung und die „Prüfungen" des Weges.

Diese liegen darin, unsere inneren Grenzen und Verstrickungen mit uns selbst und anderen aufzulösen in die Liebe der Einheit. Jede Seele hat das Bestreben, ihre Erfahrungen und Erlebnisse in diesem Sinne zu machen. Darum wird es in der kommenden Zeit mehr und mehr Seelen geben, die über den Zeitpunkt ihres Erwachens in Abstimmung mit ihrem Seelenplan entscheiden.

Damit ist gewährleistet, dass der freie Wille Gottes, der in den Seelen repräsentiert ist, bewahrt wird. Dieser kollidiert manchmal mit den Aspekten, die wir Ego nennen können.

Diese Egoanteile in uns halten oftmals am Alten fest. Dieses Festhalten zu lösen, gelingt, wenn wir Gott Vater-Mutter bitten, er möge auch die restlichen Egoanteile in uns auflösen, so wie es unserem höchsten Wohle dient. In der Regel sind diese Egoanteile in der Einheit nicht existent, das heißt, wir haben sie, wenn wir gehen, bereits aufgelöst oder Gott um Erlösung davon gebeten. Dennoch können wir Gott bitten, die unbewussten Anteile in uns weiter in die Einheit unseres Bewusstseins zu überführen. Denn oftmals verbergen sich hinter Ängsten oder zögerlichem Ausharren nicht nur Egoanteile sondern Aspekte aus früheren Leben, die vergleichbare Auswirkungen haben.

Das Massenbewusstsein ist ein solcher Aspekt. Um in der neuen Zeit die hohen Fähigkeiten unserer schöpferischen Kräfte wieder integrieren und anwenden zu können, ist es notwendig, sich von dem, was als anerkanntes und gesichertes Wissen gilt und eine bindende Struktur besitzt, zu lösen. Dies geschieht durch eine Affirmation:

Gott Vater-Mutter, ich bitte Dich, erlaube mir die Trennung vom Massenbewusstsein der alten Zeit.
Bitte erlaube mir, von nun an mein hohes Wissen wieder zum höchsten Wohle aller in der Welt zum Wirken zu bringen.
Bitte lenke Du und wirke durch mich.
Gott Vater-Mutter, ich bitte dich, schenke der neuen Welt den Frieden, der wir sind in unserem Bewusstsein der Einheit.
Möge Dein Wille geschehen, so sei es.

So ist es

Die neue Zeit ist eine des Friedens in uns selbst – und im Außen. Sie erzeugt keine Kriege und kaum noch Ungleichgewichte, denn dieser Prozess der Rückkehr ist unumkehrbar.

Für diejenigen, die bereits mit ihrem Höheren Selbst verschmolzen sind und weiter gehen, ergibt sich ein wunderbares Wirkungsfeld, denn durch die neuen Energien erzeugen wir eine neue Welt, in uns und im Außen. Nichts, das nicht in uns war und ist, hat sich je im Außen manifestiert. Wir manifestieren in der neuen Zeit aus dem hohen Bewusstsein der Liebe heraus. Dieses legt uns die Welt zu Füßen, denn wir sind Gott.

Um dies ganz zu begreifen, ist es notwendig, sich den weiteren Schritten zu öffnen. Diese sehen vor, dass wir die Erkenntnis des höchsten, uns möglichen Bewusstseins in uns erlangen. Gott lenkt. Er manifestiert, und durch seine Manifestationen ermöglicht er sich selbst die Rückkehr. Wir erleben die Manifestationen unseres höchsten Schöpferbewusstseins solange als zeitlich verzögert, bis wir selbst dieses Bewusstsein integriert haben. Was uns als etwas wie von Außen kommend erscheinen mag, ist in Wahrheit die Manifestation einer höheren Instanz in uns, die zu uns gelangt. Darum spüren wir die Energien überhaupt als zum Beispiel „ziehend", „drückend", als intensiv. Denn wir müssen zunächst den Weg der Rückkehr ganz gehen. Je mehr wir integrieren, desto mehr begreifen wir, dass wir Gott sind. Gott erlebt sich in seinen Unterscheidungen, und er erkennt sich in ihnen. Es entsteht ein tiefes Erkennen des anderen als göttlich, als zu einem selbst gehörend und doch als ein Individuum existent in seiner Eigenart und in seinem Ausdruck. Dies ist zutiefst gewollt, denn Gott liebt seine Unterscheidungen, die Aspekte des Göttlichen repräsentieren. Sie manifestieren in der Welt ihren Alltag, ihre Realität. Gott wünscht sich, dass dieser Alltag, diese Realität schön ist und schöpferisch. Darum sieht Gott vor, dass jede/r den Prozess erhält, der ihrem und seinem höchsten Wohle dient.

Gott erlässt sich selbst das Karma, wenn wir aufsteigen. Ansonsten wäre diese Zeit nicht möglich; sie ist voller Gnade und von tiefer Liebe gekennzeichnet. Sie ermöglicht ein verändertes Schöpferbewusstsein und eine veränderte Realität, sowohl global als auch in der „kleinen" Alltagswelt, die wir geprägt haben.

Damit wir unser hohes Bewusstsein wieder ganz integrieren können, dürfen wir Gott bitten, uns seinen Gnade zu offenbaren. Wir tun dies, indem wir eine Affirmation sprechen:

Gott Vater-Mutter, bitte offenbare mir die Gnade der Rückkehr ins Licht der Einheit.
Bitte zeige mir den Weg zurück in mein höchstes Bewusstsein.
Denn ich bin Licht.

Du wirst spüren, dass diese Affirmation, wenn sie in Liebe gesprochen wird, eine große Resonanz in Dir erzeugt. Gott wird sich Dir offenbaren als ein Teil von Dir selbst, denn das ist er. Gott liebt seine Unterscheidungen, die er in Dir getroffen hat. Darum wird sich Gott in Dir zum Ausdruck bringen in der neuen Zeit. Dies ist das Ziel, damit die neue Welt vollends entsteht.

Damit auch dieser Prozess zu Deinem höchsten Wohle verläuft, ist es wichtig, die Schritte zu unternehmen, die Gott vorsieht. Gott möchte, dass zum höchsten Wohle Aller manifestiert wird. Das heißt, dass wir aufgefordert sind, diese hohen schöpferischen Fähigkeiten auch in diesem Sinne wieder in uns aufzunehmen und ganz anzunehmen. Die Prozesse, die dabei folgen, sind durch die göttliche Quelle gelenkt. Sie werden dann ganz klar sein. Es wird nicht mehr nötig sein, einen Ratgeber zu konsultieren. Denn Gott ist. Er und sie fragt nicht. Gott ist die Einheit. Erlangen wir dies hohe Bewusstsein, schöpfen wir wieder in uns und durch uns. Wir leiten dann andere an und begleiten sie in ihr hohes Bewusstsein.

Das heißt, dass dieser Ratgeber und Leitfaden an dieser Stelle fast schließt, denn der Weg, der hier in aller Knappheit beschrieben wurde, greift die zentralen Elemente auf. Die weiteren Feinheiten und „Randerscheinungen" am Wege sind meist sehr schön und dienen der Bewusstheit. Diese ist individuell, so wie wir es sind. Das meint, dass dieser Erscheinungen für jede/n verschieden sein mögen und auch als Ausdruck der Vielheit in uns verstanden werden können. Die Schlüssel zum Aufstieg, die hier durch Affirmationen dargestellt wurden, dienen dem Reifungsprozess in uns selbst und werden individuell ausgestaltet. Dies geschieht durch die innere Führung, durch die Stimme unserer Seele, unseres Höheren Selbstes, durch die Stimme der geistigen Führer und Lehrer, die Aspekte des Göttlichen darstellen – und letztlich durch Gott selbst.

Literatur, die verschiedene einzelne Aspekte behandelt, wie die kosmischen Gesetzte, oder die Ausführungen zu Engeln, sie dient der Verfeinerung. Sie hat meist bereits Platz gefunden in den Regalen der Menschen, die gehen. Diese Literaturen sind wichtige Begleiter. Der Leitfaden dient der Erreichung des Ziels der Vervollkommnung des Weges.

An dieser Stelle möchte ich meinen Begleiterinnen und Begleitern auf meinem spirituellen Weg danken. Allen voran danke ich Petra Langner und Tanja Matthöfer, die mir viele Schritte ermöglicht haben, und die selbst intensiv an der neuen Zeit mitarbeiten. Auf ihren Webseiten: *www.in-resonanz-borchen.de* und *www.channel-balance.de* finden sich weiterführende Informationen zu ihren Angeboten und Ausbildungen.

Bedanken möchte ich mich bei der göttlichen Quelle, bei Gott Vater-Mutter, für die unendlich liebevolle Unterstützung und die Gnade der Rückkehr in das hohe Bewusstsein der Einheit, die ich bin.

Namaste.

Affirmationen – Begleitung auf dem Weg

Liebevolle Affirmationen können in dieser Zeit der Transformationen helfen, die Prozesse zu unterstützen, die für viele anstehen. Sie dienen unserem höchsten Wohle, wenn wir sie in dieser Intention sprechen. Die Herzenswünsche, die in diesen Affirmationen zur Sprache kommen, sind Wünsche der Seele nach Unterstützung auf ihrem Weg in die Einheit des Bewusstseins. Dabei gilt: möge Gottes Wille geschehen, und nicht unserer. Gott wird uns immer unterstützen.

Im Folgenden habe ich einige Affirmationen aufgeschrieben, die uns helfen können und verschiedene Themen abdecken sollen. Auch eigene Formulierungen sind dabei richtig – hier sind lediglich Anregungen beschrieben, um uns selbst mehr und mehr dem Licht zuzuwenden.

Affirmationen

Die Liebe der Seele:

Die Liebe der Seele erfüllt mein ganzes Sein.
Ich bin die Seele, ich bin das göttliche Licht, ich bin Liebe, ich bin Wille, ich bin Weisheit, ich bin geisterschaffen, und ich manifestiere aus dem Geiste, jetzt.

Wenn ich *unsicher* bin, kann ich Gott um Hilfe bitten – z. B. durch folgende Affirmation:

Ich bin die Seele, ich bin das göttliche Licht.
Ich bitte Dich, Gott Vater-Mutter, zeige mir Dein Mitgefühl.
Bitte zeige mir, wie ich in mir selbst sicher werde und zu dem Schöpferbewusstsein gelange, das ich bin.
Ich danke Dir von Herzen.

Meine Schöpferkräfte:

Als Licht Gottes, besitze ich große schöpferische Macht. Da diese in der Dunkelheit unseres Bewusstseins begrenzt ist, ist ein „Aufstieg" in das hohe Einheitsbewusstsein notwendig, um tatsächlich im Sinne der Seele schöpfen zu können.
Dies Bewusstsein ist Voraussetzung für die wahre Schöpfungsmacht, die jeder Seele inne wohnt.
Ich kann affirmieren, um mich nach und nach diesem Schöpfer, dieser Schöpferin in mir anzunähern:

Ich bin die Seele, ich bin das göttliche Licht.
Ich bin Schöpferin und Schöpfer, ich bin in der Einheit meines hohen Bewusstseins meiner eigenen göttlichen Existenz.
Ich bitte Dich, Gott Vater-Mutter, zeige mir den Weg zu meiner Schöpferkraft, die dem höchsten Wohle aller dient.

Innen wie Außen:

Wenn ich liebevoll mit mir selbst umgehe, erzeuge ich die Resonanz, die im Außen Liebe anzieht – nach dem Äquivalenzprinzip, *Innen wie Außen.* Darum kann ich sprechen:

Ich bin die Seele, ich bin das göttliche Licht, ich bin Liebe – und in die Liebe meiner Seele lasse ich mich fallen.
Ich bitte Dich, Gott Vater-Mutter, zeige mir den Weg zu der Liebe

meiner Seele in der Einheit meines Bewusstseins.
Ich liebe mich, ich liebe mich, ich liebe mich.

Spüre in den Klang dieser Worte hinein – wo liebst Du Dich noch nicht? Bitte auch hier Gott und Deine Seele um Unterstützung, Dir die Selbstliebe zu offenbaren. Oft kann dies besser über ein Außen geschehen – wenn ich beispielsweise liebevoll an eine Person oder ein Haustier denke, erzeuge ich liebevolle Energien, die ich nutzen kann, um in dieser Energie erneut zu sprechen: *ich liebe mich, ich liebe mich, ich liebe mich.*

Traurigkeit:

Sie ist manchmal in uns und möchte ganz angenommen werden. Auch wenn der Grund nicht immer offensichtlich ist, kann eine Affirmation unsere Schatten durchlichten.
Spüre hinein, ob diese Worte für Dich stimmig sind:

Ich bin die Seele, ich bin göttliches Licht.
Ich bitte nun darum, dass sich meine Gefühle als das offenbaren, was sie sind – als Energien, die ich in der Herzensliebe ganz annehmen kann.
Dort bin ich sicher, dort ist die Energie, die mich erkennen lässt, worunter ich leide und was ich tun kann, denn ich bin göttlich.

Die Blume des Lebens:

Dies Symbol kennen viele – es ganz zu verstehen bedeutet, sich auf den Weg der Seele zu begeben, die sozusagen aus diesen Energien besteht. Die Blume des Lebens ist daher so machtvoll, weil sie eine Resonanz in uns erzeugt, die uns an dieses ursprüngliche Sein in der Einheit, in der Harmonie erinnert. Darum kann es geschehen, dass sich beim Betrachten des Symbols Blockaden in uns lösen, die liebevoll angenommen und transformiert werden möchten.

Die tiefere Bedeutung des Symbols wird denjenigen offenbar werden, die den Weg in das hohe Einheitsbewusstsein gehen. Sie werden erkennen, was dies Symbol als Form der heiligen Geometrie für eine Schwingung besitzt. Dabei ist zu beachten, dass die Dunkelheit sehr lange Zeit auch die Ebenen in uns festhielt, die dieses Symbol zum Schwingen bringt. Im Zweifel ist eine göttliche Anrufung notwendig, um sich dem Symbol in geeigneter Weise zu nähern.

Dazu kann ich liebevoll sprechen:

Ich bin die Seele, ich bin das göttliche Licht.
Ich bitte Dich Gott Vater-Mutter, offenbare mir Dein Mitgefühl.
Ich bitte Dich, zeige mir den Weg zu der Blume des Lebens. Bitte offenbare mir ihren heiligen Gehalt.
Bitte zeige mir, wie ich sie nutzen darf und was sie bewirkt.
Ich bitte Dich, füge alles zum höchsten Wohle aller – und auch zu meinem höchsten Wohle.
Ich danke Dir von Herzen – möge Dein Wille geschehen und nicht meiner.

Die Erzengel helfen:

Wir können die Erzengel stets um Hilfe bitten. Dazu gibt es zahlreiche Literatur – von Diana Cooper, Doreen Virtue oder Isabelle von Fallois, um nur einige zu nennen. Dennoch kann bereits eine kleine Affirmation in manchen Situationen sehr hilfreich sein.

Ich kann liebevoll sprechen:

Bitte geliebte Erzengelkräfte, unterstützt mich auf meinem Weg

in mein hohes Bewusstsein. Bitte zeigt mir die Türen, die in mir verschlossen sind, und die ich in der Reihenfolge öffnen darf, wie sie meinem höchsten Wohle dienen.
Bitte seid an meiner Seite, wenn ich die Prozesse durchführe, die dazu notwendig sind.
Möge Euer Wille geschehen, möge Gottes Wille geschehen und nicht meiner.
Ich danke Euch von Herzen.

Der Wille Gottes:

Er möge stets geschehen. Dies alleine ist eine Affirmation – eine Verstärkung, eine Willenserklärung, dass nicht unser Verstand oder unser Ego herrschen solle, sondern der liebevolle Weg zurück in die göttliche Einheit geschehen mag. Diese liebevolle Energie, die Gottes Wille darstellt, und die so häufig auch die größtmögliche Gnade umfasst, ist für unseren Aufstiegsprozess unabdingbar.

Gott hat uns zugesichert, dass er unseren Rückweg ermöglicht, als wir „abstiegen" in das Experiment mit der Dunkelheit.

Wem dies bereits Angst oder Sorgen macht, der kann keinen glücklicheren Wunsch äußern, als den, dass Gott die Führung übernehmen solle und für alles Sorge trägt.

Selbstverantwortung bedeutet, dass wir auf der Seelenebene von Gott in unser hohes Bewusstsein zurückgeführt werden, damit wir selbst wieder unsere göttlichen Qualitäten in die Welt einbringen können. Wir erfahren uns dann als göttlicher Funke, der zum höchsten Wohle aller wirkt und schöpft und seine hohen göttlichen Fähigkeiten auch zu diesem Zwecke einsetzt. Dann sprechen wir von unserer Verantwortung als Schöpfer/in. Selbstverantwortung erlangen wir also durch Gott.

So können wir affirmieren:

Bitte Gott Vater-Mutter, offenbare mir Dein Mitgefühl.
Die Schöpfergaben, die ich zurückließ im Paradies der Einheit,
bitte zeige mir den Weg zurück zu ihnen.
Bitte lass mich wirken zum höchsten Wohle aller.
Möge Dein Wille geschehen und nicht meiner.
Ich danke Dir von Herzen.

Die Einheit:

Diese stellt in der jetzigen Zeit die Qualität der Seele dar, die wir wieder in Empfang nehmen dürfen. Der Klang der Stille, der die Seelen in ihrem Raum, in ihrer Einheit umfängt, schwingt in einer Frequenz, die wir als göttlichen Klang wahrnehmen können, wenn wir uns diesem Bewusstsein öffnen.
Um den Klang der Einheit wahrzunehmen, kann ich affirmieren:

Ich bitte Dich, Gott Vater-Mutter, offenbare mir den Klang der Stille in der Einheit.
Bitte offenbare mir den Klang meiner Seele.
Ich bitte Dich, dass alles zum höchsten Wohle aller gefügt wird und dass nur das geschehe, was in der göttlichen Ordnung ist. Ich danke Dir für Deine Hilfe und Unterstützung.

Die geistigen Gesetze:

Diese 33 Gesetze, die einst dem höchsten Wohle Aller dienten und nach denen wir lebten, wurden im Zuge unseres Abstiegs in die Dunkelheit des Bewusstseins durch energetische Siegel geschlossen. Diese Siegel sind auch unter dem Namen „Jesus Schlösser" bekannt – denn Jesus Christus Sananda lehrte diese Gesetze. Sie sind Ausdruck der Liebe Gottes und seins Planes für diese Erde – die Kräfte im Gleichgewicht zu halten. Die Pendel, die so häufig in die eine Richtung schlagen, und die wir als Kräfte der Dualität erfahren, rücken wieder in die Einheit, in ihren „Nullpunkt", sobald wir aufsteigen. Dieser Aufstieg erfolgt auch durch die Befolgung der geistigen Gesetze, die die 7 kosmischen enthalten. Darum ist es wichtig, um die Öffnung der Jesus Schlösser zu bitten, um sein Einheitsbewusstsein zu integrieren.

Dazu kann ich affirmieren:

Ich bitte darum, dass die 33 Jesus Schlösser in der Reihenfolge, wie es meinem höchsten Wohle dient, geöffnet werden.
Ich bitte Dich, Gott Vater-Mutter, zeige mir den Weg zurück in die Einheit, bitte eröffne mir die Möglichkeit, wieder nach den Gesetzen zu leben, die Du ersonnen hast für diese Erde.
Ich danke Dir von Herzen.
Möge Dein Wille geschehen und nicht meiner.

Weitere Hinweise

Affirmationen dienen dem Prozess der Rückkehr. Sie unterstützen uns und können auch während einer Meditation hilfreich sein, die wir unter einem bestimmten Aspekt vornehmen dürfen.

Zum Beispiel gibt es in meinem Skript, das unter der Seite:

www.christian-huels.de/bilder/einweihung_in_avalon.pdf

heruntergeladen werden kann, eine Meditation zur Einheit in mir. Das Skript enthält neben der Meditation Informationen zu den hohen Avalon Energien, und auch die Einweihung in diese Energien. Die Meditation kann separat davon bereits vorbereiten oder auch Hinweise geben und Heilungen initiieren.

Aus diesem Grund ist sie auch hier abgedruckt (siehe nächstes Kapitel).

Ich möchte Dich ebenso anregen, auf meinem Blog:

http://spirit.fotografie-huels.de

weitere Hinweise, Monatsbotschaften und Anregungen zu finden, die Dich unterstützen können.

Außerdem biete ich regelmäßig Meditationen im Netz an, die Du per Live-Stream verfolgen kannst:

www.christian-huels.de/live.html

Alles erfolgt freiwillig, und so möchte ich Dich einladen, auch meine Seite www.christian-huels.de zu besuchen mit Angeboten und weiteren Neuigkeiten, die meist regelmäßig durch die göttliche Quelle an uns weitergeben werden.

Ich wünsche eine wunderbare Erfahrung der Rückkehr und hoffe, dass dieser Leitfaden und die Informationen auf meinen Seiten hilfreich sind und inspirieren.

Namaste.

Die Meditation – Kristall der Einheit

Mache es Dir sehr bequem, lege eine Entspannungsmusik auf, wenn du magst, und nimm Dir Zeit zu spüren und auf eine innere Weise zu erleben, was die Einheit bedeutet.

Du beginnst, in dem Du Dich Deiner eigenen Mitte zuwendest. Dazu sprichst Du leise zu Dir selbst: in meinem Herzen gibt es einen Ort und dieser Ort ist der Ort der Einheit mit Allem was ist. Ich erbitte nun Einlass zu diesem meinem Ort. All die himmlischen Kräfte, die für diese Meditation zuständig sind, bitte ich um Hilfe, mich an diesen Ort zu begleiten. Meine geistigen Lehrer und Führer, die Engel und Erzengel-Kräfte, die göttliche Quelle in mir.

In unendlich langen Jahren der Trennung kehre ich nun an meinen ursprünglichen Ort der göttlichen Quelle zurück, um mir wieder meiner eigenen Göttlichkeit bewusst zu werden.

Diese Rückkehr beinhaltet ein Gefühl der Einheit mit Allem was ist. Solch ein Gefühl überwindet das Bewusstsein der Trennung, das ich all die Jahre in mir erzeugt habe. Nach all diesen Jahren ist es mir nun möglich, Kraft meiner eigenen Göttlichkeit, an diesen Ort der Einheit zurückzukehren.

Die Kontrolle, die ich all die Jahre an mein Ego übergeben habe, nehme ich nun zu mir zurück.

Beginnen wir nun mit dieser Reise zum einen, wahren Selbst und in die Einheit allen Seins.

Stelle Dir nun vor, wie Du Dich langsam einem hellen Licht näherst, das Du siehst, wenn Du in dein Herz blickst. Dieses Licht leuchtet so hell, wie der hellste Stern am Firmament.

Du kannst dieses Licht gar nicht übersehen, es ist der hellste Punkt, den Du wahrnehmen kannst. Nun nähere Dich langsam diesem Licht.

Während Du auf dieses Lichts zu gehst, nimmst Du immer deutlicher war, wie das Licht die Form eines Kristalls annimmt. Dieser Kristall ist geschliffen und facettiert. Du näherst Dich diesem Kristall, indem Du leise und innerlich sprichst: ich bin eins mit diesem Kristall, und dieser Kristall ist in mir. Ich nehme diesen Kristall nun ganz tief in mein Herz hinein. Dort lasse ich ihn von nun an so hell strahlen, dass er meine ganze Herzenskammer mit seinem Leuchten erfüllt.

Du wirst nun bemerken, wie Dich dieser Kristall ganz ausfüllt. Er beginnt langsam und stetig zunächst dein Herz und dann Deinen ganzen Körper mit seinem Licht auszuleuchten. Alle Ängste, alle Beklemmungen, alle Probleme, alle Begrenzungen, sie lösen sich nun in diesem Lichte auf. Denn Du hast das Licht der Einheit gefunden und in Dir zum Leuchten gebracht. Während Du dieses Gefühl der Einheit in Dir genießt, ergießt sich in diesen Kristall ein heller, warmer, weißer Lichtstrahl. Du erfährst die Einheit zunächst in Dir und Deinem Körper als Gefühl inniger Verbundenheit mit dem Licht dieses Kristalls. Genieße diesen Moment des Eins-Seins mit dem Licht in Dir.

Wenn Du bereit bist für den nächsten Schritt, öffne Dich noch weiter diesem Licht in Dir. Lasse es an alle Stellen Deines Körpers fließen, lass es in alle Deine Zellen einströmen, so dass Du ganz mit diesem Licht verschmilzt. Etwas in Dir kennt dieses Gefühl der Einheit. Es ist viel mehr als nur eine vage Erinnerung, es ist die wahre Erinnerung an sich, denn Du stammst aus der Einheit mit Allem was ist.

Dieses Gefühl ist so ursprünglich, dass Du nichts mehr ersehnt hast, als diesen Zustand wiederzuerlangen. Dieses Gefühl erfüllt Dein ganzes Sein, es durchströmt Dich, es fließt in alle deine Kanäle, es öffnet Dich für die Weisheit Deines Höheren Selbstes, aus dem Du stammst. Denn es ist reines göttliches Wissen, aus dem Du entsprungen bist. Dieses göttliche Wissen ist genau deshalb in Dir enthalten. Du bist und Du warst immer Teil der Einheit mit Allem was ist. Und in diese Einheit kehrst Du nun zurück. Der Kristall zeigt Dir den Weg in die Einheit. Du hattest bloß vergessen, dass Du diesen Kristall bereits immer in Dir getragen hast. Und so erstrahlt dieser Kristall nun in all seiner Leuchtkraft, die Du mit in diese Welt bringst, zur Freude allen Seins in dem hellsten Licht, das Du Dir vorstellen kannst; denn es ist verbunden mit der Quelle allen Seins.

Und so nehme nun und heute und jetzt und hier diese Einheit in Dir wahr.

Dein Höheres Selbst spricht nun zu Dir. Nimmst Du seine Stimme wahr? Was möchte es Dir sagen? Was ist die Botschaft für diese Inkarnation? Warum bist Du hier auf dieser Erde, dem wunderbaren Planeten, der so wunderschöne Pflanzen, Lebewesen und Aufgaben bereit hält. Was ist Deine Aufgabe hier?

Dienst Du in diesem Leben dem hohen Einheitsbewusstsein, bringst es zurück auf die Mutter Erde? Ist dies Dein Weg? Heraus aus der Illusion der Trennung, hinein in die Einheit des Lichtes? Dein Weg, welche Aufgabe Du Dir auch immer ausgesucht hast, ist immer von der göttlichen Liebe und Unterstützung getragen. Diese Liebe ist so bedingungslos und allumfassend, dass Du sie wahrnimmst, sobald Du Dich mit Deinem Herzen verbindest.

Diese Verbindung ist so umfassend und heilsam, dass sie Dein ganzes Sein verändert und Dich trägt durch alle Deine Erfahrungen, die Du Dir vorgenommen hast zu lernen.

Bitte schaue Dich um in Deinem Herzensraum – wie sieht er aus? Nimmst Du wahr, wie hell Du leuchtest? Nimmst Du wahr, wie hell Du in Dir selbst bist? Nimmst Du Dein eigenes Licht, Deine eigene Liebe und Lebendigkeit wahr – oder spürst Du Traurigkeit, Gefühle von Schmerz, Angst, sogar Zorn oder Leid? Welche Gefühle trägst Du in Dir? Frage Dich einmal liebevoll, was Du in Deinem Herzen noch an altem Ballst trägst. Ist es eine Last, die aus diesem Leben stammt, oder aus einem anderen?

Wie sieht sie aus, diese Last? Gott, ich bitte Dich um Unterstützung, bitte nimm mir diese Last von meinem Herzen, bitte erlaube mir, zu dem reinen Fluss des göttlichen Stromes der Bewusstheit und der Herzensliebe zurückzukehren – zu Allem was ist. Bitte verbinde mich in meinem Herzen mit meinem Bewusstsein, das ich bin. Zeige mir, wie ich dem Licht in mir selbst zu der Strahlkraft verhelfen kann, die alles erhellt. Bitte zeige mir, wie ich Dir und Deiner Liebe die Türen öffne, damit Du durch mich in dieser Welt wirken kannst, zum höchsten Wohle aller.

Dein Wille geschehe, Gott Vater-Mutter und nicht meiner.

Wenn Du in Dir Blockaden wahrnimmst, sind dies Dinge aus Deinem Leben, aus Deinem jetzigen oder früheren, die in Dir erlöst werden möchten; und Du sprichst:

Bitte, geliebtes Ich bin, geliebtes Höheres Selbst, bitte hilf mir, die Erkenntnisse zu erlangen, die nötig sind, um meinen Weg in die Einheit zu gehen.
Bitte löse diese Blockaden, die sich mir noch in den Weg stellen in meinem Herzen auf.
Ich bitte Dich, übernimm Du die Führung, werde täglich mehr und mehr Teil meines Lebens, meines Seins.
Ich lege mein ganzes Sein in Deine Hände, Gott Vater-Mutter

und bitte Dich, öffne mir den Weg zu meinem Herzen.

Das vereinigte Herzchakra ist der Zustand der Einheit, in das wir gelangen, sobald wir unsere Blockaden, die wir so lange Jahre und Leben angesammelt haben, aufzulösen beginnen. In diesem vereinigten Chakra gibt es keinen Gegensatz, sondern das hohe Bewusstsein der Einheit mit Allem was ist, drückt sich in der vereinigten Schwingung unseres Herzenskristalles aus. Sind wir bereits in der Lage, diesen Kristall dauerhaft zum Schwingen zu bringen? Sind wir bereits in der Lage, diesen Kristall als einen reinen Bewusstseinskristall zu betrachten? Oder zieht uns etwas aus der Herzensmitte in die Dualität unseres Verstandes, unseres Urteils, unserer Bewertungen und unserer verzerrten Wahrnehmungen?

Die erleuchtete Wahrnehmung ist frei von Verzerrungen, Bewertungen, Urteilen; sie wird durch den Blick in den Herzenskristall verstärkt, geklärt und geheilt. Denn all die Dinge, die in uns unerlöst waren, werden in der Reinheit des bewussten Kristalls unserer Einheitsschwingung transformiert und in ein Gleichgewicht gebracht, das es uns ermöglicht, „aufzusteigen" in unser hohes Bewusstsein.

Die Einheit ist Liebe. Liebe ist Einheit. Das All-Eine, Gott Vater-Mutter, und wir, die Töchter und Söhne, alle Geschöpfe in allen Universen, sind Manifestationen der Liebe. Liebe ist die höchste Manifestationsenergie, die existiert. Ihr entspringt die Energie, die hoch genug ist, unsere Dunkelheit zu erlösen. Ihr entspringt die Energie, die hoch genug ist, unsere versprengten Anteile wieder zusammenzuführen, zurück in die Einheit, zunächst in uns selbst, und dann in die größere Einheit mit den anderen Seelen, mit Gott.

Spüre die Einheit, die jetzt bereits in Dir vorhanden ist, sehe das Licht, wie es durch den Kristall hindurch strahlt und Dein ganzes Sein berührt. Sieh, wie Du erleuchtet wirst von der Liebe Gottes, der Dich mit seinen unglaublich liebevollen Augen ansieht und

Dir sagt, dass Du alle Liebe, alles Mitgefühl, alles Glück in diesem Leben erfahren wirst. Öffne Dich für diesen Gedanken, der aus dem reinen Herzen Gottes entspringt. Öffne Dich für seine Liebe und sein Licht. Lass Gott den Weg weisen zu Deinem Herzenswunsch – zurückzukehren in die hohe Einheit des Bewusstseins der Verbundenheit von Allem mit Allem.

Namaste.